가족법인으로 돈을 불려가는 스토리

퇴근 후
내 회사

열정피엠 지음

✖ nabisori

퇴근 후 내 회사

1판 1쇄 발행 | 2025년 3월 15일
1판 2쇄 발행 | 2025년 4월 30일

지은이 | 전찬민
펴낸이 | 최성준
책임편집 | 나비   교정교열 | 배지은
전자책 제작 | 모카   표지디자인 | 권하영
종이책 제작 | 갑우문화사
펴낸곳 | 나비소리(nabisori)
주소 | 수원시 팔달구 효원로 249번길 46-15
등록번호 | 제2021-000063호
등록일자 | 2021년 12월 20일

나비소리 출판사
생각하는 것을 행동으로 옮기지 않으면 상상이며, 망상에 불과합니다.
이러한 가치관을 가지고 있는 우리는 작가의 마음을 짓는 책을 만듭니다.

상점 | www.nabisori.shop.
살롱 | blog.naver.com/nabisorisalon
원고투고 | nabi_sori@daum.net, mysetfree@naver.com

나비소리는 작가분들의 소중한 원고를 기다리고 있습니다.

ISBN | 979-11-92624-07-5 (03320)

직장인이라면 내집마련과 자산을
체계적으로 키워나갈 수 있는
가족법인 재테크는 필수입니다.

여는 글

공대생 출신인 저는 정말 단순하고 순진했습니다. 학교를 졸업하면 좋은 회사에 취직하고, 입사 후에는 승진을 위해 달려가는 것만이 살길이라고 생각했습니다. 그렇게 외국계 기업에 입사하여 누락 한 번 없이 승진을 이어갔습니다.

평범한 직장 생활을 했기에 저와 다른 사업의 길을 택한 사람들을 만나는 일이 많지는 않았습니다. 하지만 간혹 만나게 될 때면 스타트업, 투자금, 부가세, 세금계산서, 법인, 주식회사 같은 단어들을 듣곤 했습니다. 이러한 내용을 들을 때마다 저와는 그다지 상관없는 이야기라고 생각했습니다. '난 회사에서 내 일만 잘하면 돼.' 그렇게 열심히 직장에 매진하며 살아왔습니다.

서울에서 아파트를 마련한다는 것은 사실 꿈도 꾸지 못했습니다. 제가 벌어들이는 월급으로 생활비를 충당하고 저축하는 삶을 살았지만, 아파트라는 산은 너무 높아 보였습니다. 신혼 초, 우연히 신축 아파트 단지에 방문한 적이 있었는데, 저희가 전세로 살고 있던 오래된 복도식 아파트와는 전혀 다른 호텔 리조트 같은 환경에 한동안 멍했던 기억이 납니다. "이런 아파트는 금수저들만 사는 곳이야. 서울에서 전세로라도 살 수 있는 걸 감사해야지." 서울의 신축 아파트, 저희 부부에게는 완전히 다른 세상의 이야기처럼 느껴졌습니다.

그러던 어느 날, 우연히 자본주의를 이해할 수 있는 기회를 얻습니다. 저는 자본주의를 단순히 공산주의의 반대 개념인 것 정도로만 알고 있었습니다. 자유롭게 일하고 돈을 버는 체제라고 단순히 생각했습니다. 하지만 EBS 다큐프라임의 책『자본주의(부제: 쉬지 않고 일하는데 나는 왜 이렇게 살기 힘든가)』를 접하면서 자본주의의 본질을 이해하게 되었고, 제 인생의 변곡점이 생겼습니다.

자본주의를 이해하며 찾아온 변화

자본주의를 이해하기 위해서는 은행 시스템을 알아야 했습니다. 시간이 흐르며 통화 팽창, 물가 상승, 화폐 가치 하락, 경제 위기와 같은 뉴스에서 접하는 개념들도 차차 이해하게 되었습니다. 그 결과, 저는 자본주의가 돈을 계속 돌리고 불려가는 구조임을 깨달았습니다. 이를 기반으로 저는 은행의 힘을 빌려 서울에 내 집을 마련했고, 본격적으로 재테크에 돌입할 수 있었습니다.

재테크 공부의 시작은 경제 신문이었습니다. 이후 시중의 많은 책을 읽으며 부자들의 마인드를 공부했고, 그러던 중 와이프와 상의하여 1년간의 육아휴직을 결정했습니다. 물론 휴직의 주된 목적은 육아였지만, 이 시간 동안 조금 더 넓은 세상을 공부하고 재테크의 방향성을 견고히 다지고 싶었습니다.

육아휴직 기간 동안 저는 단 하루도 허투루 보내지 않았습니다. 매일 도서관에 다니며 세금 및 경제 관련 책을 읽고, 부자가 된 사람들의 사업 방식과 사고방식을 탐구했습니다. 그 과정에서 '법인'의 개념을 알게 되었습니다.

법인의 필요성을 깨닫다

개인사업자는 사업 소득이 직장 급여와 합산되어 종합소득세를 내야 합니다. 따라서 수입이 많을수록 높은 세율을 부담해야 합니다. 반면, 법인은 법으로 태어나게 되는 하나의 인격체로, 나와는 별개의 존재로 활동하기에 절세와 자산 증식을 위한 강력한 도구로 활용될 수 있습니다.

무엇보다 개인사업자는 언제든지 폐업이 가능하기 때문에 동기부여가 약해질 수 있지만, 법인은 한번 세우면 청산하기가 어렵기에 책임감을 갖고 지속적으로 사업을 성장시키려는 마인드를 갖게 됩니다. 이것이 제가 1인 법인을 설립하고 더 나아가 가족법인으로 최종 전환하며 더 큰 꿈을 꾸게 된 원동력이 되었습니다.

현재 진행 중인 재테크 여정

현재 저는 직장 생활을 유지하며 법인을 설립하여 차곡차곡 꿈을 키워나가고 있습니다. 제 주변에는 재테크에 성공하여 퇴사한 분들도 종종 있습니다. 어떤 이는 주식으로, 또 어떤 이는 부동산 시세차익으로 성공했다고 하지만, 그중 상당수가 다시 직장으로 돌아오는 모습을 보았습니다. 저는 급하지 않게 천천히 기초를 다지며 안정적으로 성장하는 것을 목표로 하고 있습니다.

그렇기에 직장에 충실히 다니며 근무 시간 외에는 법인으로 사업과 투자 공부를 병행하고 있습니다. 타이밍이 왔을 때는 과감히 사업을 확장하고 투자를 실행하고 있습니다. 언젠가 준비가 되었을 때 퇴사하여 법인을 통해 제가 진정으로 하고 싶은 일을 펼쳐나갈 그날을 꿈꿉니다.

이 책에서 다룰 내용

이 책은 자본주의를 이해하고 내 집 마련으로 자산을 쌓는 방법, 그리고 1인 법인과 가족법인을 활용해 직장과 병행하며 재테크를 실천하는 방법을 안내합니다. 또한 법인의 설립과 운영 노하우, 그리고 저의 사례를 바탕으로 한 실질적인 전략과 인사이트를 제공합니다.

더불어, 많은 관심을 받고 있는 가족법인에 대해서도 깊이 다룰 예정입니다. 가족법인은 가족 구성원이 주주가 되는 법인으로, 자녀들의 상속과 증여를 생각할 때 유용한 한 가지 방법이 될 수 있습니다. 이는 삼성의 이재용 회장만 할 수 있는 일이 아닙니다. 우리도 가족법인을 통해 우리가 이루고자 하는 바를 충분히 실현할 수 있습니다.

저는 현재 가족법인을 운영하며 자녀들과 법인 운영과 관련된 다양한 대화를 나누고 있습니다. "미국 주식은 어떤 게 좋을까?", "어떤 사업을 시작해볼까?"와 같은 대화 하나하나가 자녀들에게 부의 연결고리를 만들어 주는 중요한 과정이라고 믿습니다.

이 책은 최대한 쉽게 풀어 쓰기 위해 노력했습니다. 나누어 읽어도 좋지만, 하루 마음먹고 시간을 내어 한 번에 읽고 각 주제마다 반복해서 보면, 여러분에게 유용한 지침서가 될 것이라고 확신합니다.

마지막으로, 제 인생 첫 책을 출간하게 될 기회를 주신 나비소리 출판사 최성준 대표님께 감사의 말씀을 드리고 싶고, 가족법인의 성장을 물심양면으로 도와주시는 반석세무회계 대표 이충국 세무사님께도 이 영광을 돌리고 싶습니다. 그리고 언제나 옆에서 응원해주는 저의 배우자, 김소연 너무 사랑하고, 첫째 딸 전예린, 둘째아들 전민재 너무 너무 기특하고 장하다. 사랑한다!

자, 그럼 시작해볼까요?

전찬민(열정피엠)

Contents

Can you get rich on the salary of your job?

직장 급여만으로
부자가 될 수 있을까?

직장인 급여 중요하다.

그러나

그것만으로는 부족하다.

월급쟁이 직장인이
과연 부자가 될 수 있을까?

대학을 졸업하면 대부분이 회사를 통해 사회에 첫발을 내디딥니다. 회사를 다니는 가장 주된 이유는 무엇일까요? 바로, 돈을 벌기 위해서입니다. 그런데 이 대목에서 많은 분들이 공감하실 질문이 있습니다.

❝

월급쟁이 직장인이 과연 부자가 될 수 있을까?

❞

대답은 아마 여러분도 이미 잘 알고 계실 겁니다. 월급은 안정적입니다. 하지만 매달 빠듯한 생활비와 카드값을 감당하고 나면 저축하기도 쉽지 않습니다. 집값은 계속 오르는데, 모아둔 돈은 턱없이 부족합니다. 결국 '월급만으로 부자가 되기는 어렵다'는 결론에 도달합니다. 하지만 월급은 우리가 재테크나 사업의 첫 단계를 시작하는 데 가장 중요한 자본입니다. 안정적인 수입은 우리의 경제적 안전망이 되어주며,

새로운 기회를 모색할 수 있는 발판이 됩니다. 저는 직장 생활을 통해 얻은 월급을 기반으로 종잣돈을 마련했습니다. 그리고 그 돈을 재테크와 사업에 활용해 현재의 자산을 만들 수 있었습니다.

월급만으로는 분명 한계가 있습니다. 시간당 노동에 의존하는 소득은 구조적으로 상한선이 정해져 있습니다. 하루는 24시간뿐이고, 아무리 열심히 일해도 이를 넘어설 수 없습니다. 또한, 근로소득은 높은 세율을 적용받기 때문에 자본 소득이나 사업 소득에 비해 세금 부담이 큽니다. 게다가 물가 상승으로 인해 월급의 실질적인 구매력은 점차 줄어들게 됩니다.

저도 처음에는 고민이 많았습니다. '지금 내가 직장 생활 외에 뭘 더 할 수 있을까?' 하지만 안정적인 월급을 기반으로 1인 법인을 설립하고, 법인을 통해 사업과 투자를 병행하며 자산을 늘렸습니다. 법인 설립은 저에게 새로운 기회를 열어줬습니다.

한 가지 예를 들어볼까요? 저는 직장에서 받은 월급으로 종잣돈을 마련한 후, 이를 법인 계좌로 이동시켜 부동산 투자에 활용했습니다. 법인을 통해 부업을 시작하면서 월급 외에도 추가 소득을 창출할 수 있었고, 절세 혜택까지 누릴 수 있었습니다. 임대사업을 통해 벌어들인 월세는 법인에 잘 쟁여놓고, 미국 주식 투자도 하고 있습니다. 개인이라면 미국 주식 양도세가 22%였겠지만 법인은 9.9%의 법인세만 내면 됩니다. 이러한 훌륭한 세제 혜택을 활용하여 보다 효율적인 재투자를 하고 있습니다.

이뿐만이 아닙니다. 법인의 가장 큰 장점은 무엇일까요? 자산을 증식하면서도 더 자율적이고 주도적인 삶을 설계할 수 있다는 점입니다. 앞서 언급했듯, 저는 법인을 통해 자녀들과 함께 다양한 투자와 사업 아이디어를 공유합니다. 이렇듯 법인은 단순히 자산을 증식하는 수단을 넘어, 가족과 함께 부의 연결고리를 만들어가는 도구가 되었습니다.

언젠가는 직장을 퇴사하고 법인 사업을 통해 제 삶의 방향을 100% 스스로 결정할 날이 오겠지요? 하지만 이 모든 것은 직장에서 받은 월급이라는 안정적인 기반에서 시작되었습니다. 여러분도 월급을 단순히 소비의 도구로 보지 말고, 미래를 설계하는 자본으로 활용해 보십시오.

월급은 출발점일 뿐
그 목적지는 여러분의 손으로
만들어가자 냥

직장의 복지혜택으로
본인의 역량과 체력을 키우자

현재의 직장에 감사해야 하는 가장 큰 이유는 안정된 급여뿐 아니라 사내 규정에 따른 다양한 복지 혜택을 누릴 수 있다는 점입니다. 이는 부인할 수 없는 사실입니다. 대부분 회사는 업무량이 많아 바쁘게 돌아가는 시기와 상대적으로 여유로운 시기가 반복됩니다. 업무가 많을 때는 바쁜 일정을 소화해야 하지만, 업무 강도가 낮을 때는 자신을 성장시킬 수 있는 좋은 기회가 되기도 합니다.

이처럼 상대적으로 여유가 있는 시기에는 회사가 제공하는 교육 지원 혜택을 적극 활용하면 좋습니다. 회사 입장에서도 직원들의 역량을 강화해 미래의 성과를 준비하려는 전략을 세우기 때문입니다. 저 역시 회사의 교육비 지원 제도를 최대한 활용했습니다. 본부장님께 교육 지원을 건의하고 관리팀의 승인을 받아 다양한 외부 교육을 수강했습니다.

제가 선택한 교육은 단순히 회사 업무와 관련된 영역에만 국한되지 않았습니다. 삶 전체에 도움이 될 수 있는지를 우선적으로 고려했습니다. 직장 생활뿐 아니라 우리의 모든 일상은 하나의 프로젝트 Project 형태로 이루어집니다. 회사에서 진행하는 입찰 업무는 최종 수주를 목표로 하는 프로젝트이며, 입찰에 성공하면 또 다른 새로운 프로젝트가 시작됩니다. 이 모든 과정이 바로 프로젝트 관리입니다.

프로젝트 관리라는 개념은 회사 업무뿐 아니라 개인의 삶에도 적용됩니다. 예를 들어, '일본어 공부를 해서 JLPT 2급을 따겠다', '토익 800점을 목표로 하겠다', 심지어 '다이어트를 하겠다' 등의 계획도 모두 프로젝트라고 볼 수 있습니다. 각각의 목표를 달성하기 위해 계획을 세우고 실행하며, 중간중간 찾아오는 위기를 극복하는 과정은 모두 프로젝트 관리의 연장선입니다.

저는 공대 출신의 엔지니어로서, 프로젝트 관리 Project Management 개념에 대해 잘 알지 못했습니다. 그러나 회사에서 제공하는 교육을 통해 이 분야에 관심을 가지게 되었고, '국제 공인 프로젝트 관리 전문가 Project Management Professional ®'라는 자격증을 취득했습니다. 이 자격증은 본업에 필요했을 뿐 아니라, 제가 하고 싶은 사업과 투자에도 접목할 수 있을 만큼 유용했습니다. 사내에 저 포함 단 두 명만이 이 자격증을 보유하고 있었는데, 회사에서도 이 자격증의 가치를 인정받게 되었습니다. 회사의 복지 혜택을 활용하여 자기 성장을 도모하는 것은 직장인으로서 큰 기회입니다. 팀장이나 본부장급 리더들 역시 직원들이 자격증을 취득하거나 역량을 강화하려는 시도를 긍정적으로 봅니다. 그러니 회사의 예산을 활용해 자기 발전을 도모하는 방법을 적극 찾아보시기를 바랍니다.

영어 능력을 키운 경험도 복지 혜택의 좋은 사례로 소개할 수 있습니다. 공대 출신인 저는, 단순히 엔지니어로서만 살아갈 것이라 여겼기에 영어가 제 삶과는 크게 관련이 없다고 생각했습니다. 하지만 회사의 언어 교육비 지원을 활용해 공부를 시작하며 40대에 토익 TOEIC 900점이라는 목표를 달성했습니다. 취업을 위해 토익공부를 시작한 이후 약 15년 만에 이룬 성적입니다. 제가 영어 공부를 시작한 이유는 단순히 직장에서 인정받기 위한 것이 아니었습니다. 자녀들에게 본보기가 되고 싶다는 가벼운 동기에서 시작하게 되었습니다. 그러나 영어 공부를 하면서 글로벌 시장에서의 투자와 사업 기회를 이해하려면 영어 능력이 필수적이라는 것을 깨달았습니다. 예를 들어, 미국 주식 투자나 해외 부동산 시장 진출을 고려한다면 영어로 된 리포트를 읽고 분석하며 해외 투자자와 협력할 수 있는 능력이 필요합니다. 또한, 해외 네트워킹 행사에 참석해 소통하고 협력 기회를 찾는 데도 영어는 강력한 도구가 됩니다.

체력 관리 측면에서도 복지 혜택을 적극 활용할 수 있습니다. 제 동료 중 한 명은 회사의 단체보험 혜택을 활용해 매년 한방병원에 입원하여 척추 교정과 디스크 예방 치료를 받습니다. 이런 과정을 통해 매년 체력을 회복하고 건강을 유지하는 것이 그의 연례 루틴입니다.

이렇듯 회사의 복지 혜택은 단순한 옵션이 아닙니다. 회사의 규정을 꼼꼼히 살펴보고, 본인의 성장과 건강을 위해 최대한 활용하십시오. '회사가 제공하는 혜택은 회사의 자산이 아니라 여러분 자신의 성장과 성공을 위한 도구'라는 점을 항상 염두에 두세요. 복지 혜택은 급여 그 이상의 가치를 창출할 수 있습니다.

그렇지만
근로소득에만 의지하면 안 된다

앞서 직장인 급여의 중요성과 회사 복지 혜택에 대해 살펴보았습니다. 안정적인 급여와 복지 혜택은 직장 생활의 큰 장점입니다. 그러나, 이러한 체계에만 안주하는 것은 위험할 수 있습니다.

많은 사람들이 월급을 '마약'이라고 부릅니다. 매달 꾸준히 들어오는 급여는 중독성이 강해, 회사에 모든 것을 쏟아붓고 월급만 받으면 된다는 생각에 머무르게 만듭니다. 하지만, 회사의 과도한 요구에 무리하게 끌려다니면서 개인의 시간과 삶까지 희생할 필요는 없습니다. 올해로 직장 생활 17년 차에 들어선 저는, 회사에 지나치게 많은 에너지를 쏟았던 과거를 후회합니다. 항상 인사평가와 승진에 누락되지 않으려고 노력했으며, 회사의 기대에 부응하기 위해 제 역량의 120~130%를 쏟아부었습니다. 그 과정에서 상사와 동료들에게 인정받고, "전 차장? 그 친구 일 정말 열심히 하잖아. 믿을 수 있는 직원이지!"라는 평가를 들으며 회사에서 자리매김했지만, 그 사이 잃은 것도 많았습니다.

특히, 가족과 함께하는 소중한 시간을 잃어버렸습니다. 아침 일찍 출근해 밤늦게야 귀가하는 날들이 반복되다 보니, 아이들이 깨어 있는 모습을 보는 일이 거의 없었습니다. 출근길에 아이들은 여전히 꿈나라에 있었고, 퇴근 후에도 이미 잠든 상태였습니다. 부모로서 아이들과 함께할 시간은커녕, 그들의 하루를 함께 나눌 여유조차 잃어버렸습니다.

기억에 남는 결혼기념일이 있습니다. 어렵게 시간을 내어 가족들과 해외여행을 계획했습니다. 예약부터 준비까지 모두 마치고 설레는 마음으로 떠났던 그 여행은, 가족들과 함께한 짧은 행복으로 남아야 했습니다. 상사의 끈질긴 요청으로 인해 귀국 일정을 며칠 앞당길 수밖에 없었기 때문입니다. 상사는 '중요한 미팅'이라며 저를 불렀는데, 알고 보니 정작 그 일은 본인이 충분히 처리할 수 있는 그리 어렵지 않았던 업무였던 것입니다. 그날, 가족들에게 사과하고 양해를 구하며 혼자 비행기를 탔습니다. 아이들의 실망스러운 얼굴과 배우자의 깊은 한숨이 떠오를 때마다, 제 마음에는 죄책감과 허탈함이 교차했습니다. 가족과의 소중한 추억을 쌓을 수 있는 시간이 그저 직장의 무리한 요구 앞에 무기력하게 사라져 버렸습니다.

회사에서 겪은 많은 경험은 저에게 중요한 교훈을 남겼습니다. 긍정적인 마인드는 분명 소중한 자산이지만, 그것만으로 모든 문제를 해결할 수는 없다는 점을 깨달았습니다. 특히, 직장 생활은 내가 통제할 수 없는 외부 요인들로 가득 차 있었습니다. 내가 아무리 성실히 일하고 최선을 다해도, 다른 사람들의 시기나 질투에서 완전히 자유로울 수는 없었습니다.

결국, 저는 스스로 통제할 수 있는 영역을 확장하는 것이 중요하다는 결론에 이르렀습니다. 회사와 같은 외부 환경에 지나치게 의존하기보다는 내 삶의 주도권을 찾아야겠다는 생각이 강해졌습니다. 단순히 직장에서 벗어나는 것이 아니었습니다. 근로소득에만 의존하지 않고 내 미래를 위한 기반을 구축하고 싶다는 열망에서 비롯된 결론이었습니다.그렇게 저는 하루를 온전히 '나의 것'으로 만들기 위해 새벽 시간을 활용하기 시작했습니다. 이른바 '미라클모닝'을 통해 삶의 방향을 재정비하고, 회사 외의 세계에서 나만의 가능성을 찾기 위한 여정을 시작했습니다.

미라클모닝(내 시간의 주인이 되다)

과거의 후회를 발판 삼아 새로운 마인드셋을 장착하게 되었습니다. 저는 매일 새벽 4시에 일어나 '미라클모닝'을 실천하며 하루를 시작합니다. 이 시간은 온전히 저를 위한 시간으로, 직장과 가정의 일상적인 역할에서 벗어나 스스로를 성장시키는 데 집중하는 시간입니다.

사실 제가 미라클모닝을 시작하게 된 계기는 할 엘로드의 책『미라클모닝 The Miracle Morning』이었습니다. 그는 이 책에서 '아침을 어떻게 보내느냐가 당신의 삶 전체를 결정한다'는 메시지를 강조하며, 하루를 시작하는 방법이 얼마나 중요한지 알려줍니다. 저는 그의 철학에 깊이 공감했고, 이를 실천하

©한빛비즈

면서 삶의 변화를 경험하기 시작했습니다. 그 내용을 아주 간단하게 핵심만 소개해보겠습니다.

할 엘로드의 철학: SAVERS로 삶을 변화시키다

할 엘로드는 아침 시간을 활용해 삶을 변화시키는 구체적인 방법을 제안합니다. 그는 SAVERS라는 루틴을 통해 단순히 일찍 일어나는 것이 아니라, 하루를 성공적으로 시작할 수 있는 도구를 제공합니다.

- Silence (침묵): 명상이나 깊은 호흡을 통해 하루를 차분하게 시작합니다.
- Affirmation (확언): 자신에게 긍정적인 메시지를 반복하며 목표와 자신감을 강화합니다.
- Visualization (시각화): 목표를 상상하며 그 목표를 이룬 자신의 모습을 구체적으로 그립니다.
- Exercise (운동): 가벼운 운동으로 신체를 깨우고, 하루를 활기차게 시작합니다.
- Reading (독서): 발전과 영감을 줄 수 있는 책을 읽으며 지식을 쌓습니다.
- Scribing (기록): 저널링을 통해 생각과 목표를 정리합니다.

저는 이 방법론에 깊은 감명을 받았습니다. 그 후 SAVERS 루틴을 기반으로, 제 라이프스타일에 맞는 맞춤형 아침 습관을 만들어 갔습니다. 처음에는 단순히 일찍 일어나기 위해 노력했지만, 점차 이 시간을 투자 공부와 사업 아이디어를 구상하는 데 활용하게 되었습니다.

이 시간은 직장에서 발생하는 불확실성에서 벗어나, 오직 나 자신에게 집중할 수 있는 귀중한 시간이 되어주었습니다. 그 후 근로소득만으로는 한계가 있다는 사실을 깨닫고, 이 시간을 활용해 장기적인 자산 증식을 위한 포트폴리오를 구상하기 시작했습니다. 저는 투자 서적을 읽고, 부동산 시장의 흐름을 분석하며, 사업 아이디어를 구체화하는 데 새벽 시간을 적극적으로 활용했습니다. 미라클모닝은 단순히 일찍 일어나는 습관을 넘어, 내 삶의 주인이 되기 위한 중요한 도구였습니다. 이제는 그 시간을 통해 스스로를 성장시키고, 직장을 넘어 새로운 가능성을 열어가는 데 집중하고 있습니다.

혹시, 궁금하실 독자분들을 위해 저의 미라클모닝 루틴을 공개합니다. 제가 루틴으로 지키고 있는 미라클모닝의 핵심은 3시간을 확보하는 것입니다. 이 시간을 효과적으로 활용하기 위해 저는 다음과 같은 루틴을 실천하고 있습니다:

1) 기상과 준비(10분)

알람을 끄고 일어나자마자 양치, 면도, 세수를 합니다.

2) 가벼운 스트레칭(5분)

가볍게 몸을 움직이며 하루를 시작합니다. 가벼운 스트레칭은 몸의 밸런스를 잡아줍니다.

3) 운동(40분)

주로 빠른 걷기 또는 계단 오르기를 합니다. 이 시간은 제게 단순한 운동을 넘어, 생각을 정리하고 아이디어를 떠올리는 기회를 제공합니다. 처음에는 운동을 하러 나서는 것이 너무 힘들었지만, 시간이 흐르면서 미라클모닝 루틴 중 가장 좋아하는 시간이 되었습니다. 가끔 멍을 때리며 걸을 때 좋은 아이디어가 떠오르곤 했는데, 그때 그 아이디어가 좋은 결과로 이어지기도 했습니다.

4) 집중 시간(2시간)

운동 후에는 가장 중요한 일에 집중합니다.
- 사업 구상 : 1인 법인의 방향과 실행 계획을 세웁니다.
- 글쓰기: 책이나 블로그 콘텐츠를 작성하며 제 생각을 정리합니다.
- 부동산 공부 : 최신 시장 동향을 분석하고 투자 아이디어를 찾습니다.
- 유튜브 콘텐츠 기획 : 새로운 콘텐츠 아이디어를 구상하고 대본을 작성합니다.

할 엘로드는 미라클모닝 루틴이 각자의 라이프스타일에 맞게 조정될 수 있음을 강조합니다.

❝❝

어떤 순서로 루틴을 구성할지도 자신에게 맞게 바꿀 수 있으며,
10분만 투자해도 삶에 변화를 가져올 수 있다고 말합니다.

❝❝

저 역시 제게 맞는 루틴을 찾기까지 여러 시행착오를 겪었습니다. 처음에는 책에서 제안한 SAVERS 방식을 그대로 따라 했지만, 시간이 지나면서 저만의 라이프스타일에 맞게 루틴을 조정하게 되었습니다.

근로소득에만 의지하지 않고, 사업과 투자로 이어지는 새로운 포트폴리오를 구성하기 위해서는 저 자신에게만 온전히 집중할 시간이 필요했습니다. 사실 이전의 저는 새벽 1시, 2시에 잠드는 전형적인 올빼미족이었습니다. 그러던 중 독서를 통해 대부분의 부자들이 이른 아침에 일어나 자기만의 시간을 확보하고 그 시간을 활용해 높은 성과를 내고

있다는 사실을 알게 되었습니다.

또한 이전의 저에게는 밤에 아이들을 재우고 난 후 유튜브와 인스타 릴스를 보며 시간을 흘려보내는 습관이 있었습니다. '변화를 주어보자'는 생각을 한 후에 바로 실행에 옮겼습니다. 물론 처음에는 쉽지 않았습니다. 하지만 새벽 시간을 주도성을 찾는 데 성공하면서 제 삶의 방향이 완전히 달라졌습니다.

이 변화는 단순히 생활 습관을 바꾸는 것에서 끝나지 않았습니다. 그것은 진정으로 제가 원하는 삶을 추구하는 데 있어 가장 기본적인 초석이 되었습니다. 아침 시간을 통해 얻은 집중력과 에너지는 저의 사업과 투자, 그리고 개인적인 성장에 있어 새로운 가능성을 열어주었습니다.

주위에서 경제적 자유를 이루고 싶다는 얘기를 많이 듣습니다. 그런 목표를 설정한 분들은 하나같이 직장인 급여로만은 부자가 될 수 없다는 사실을 깨달은 분들입니다. 하지만 자본주의 시스템을 제대로 이해하고 있는 사람은 많지 않은 것 같습니다. 저 역시 자본주의를 전문적으로 설명할 수는 없지만, 제가 깨달은 몇 가지를 나눠보려고 합니다.

이와 관련해 저에게 큰 영향을 준 책이 있습니다. 바로 EBS 다큐프라임의 『자본주의』입니다. 이 책은 자본주의의 기본 원리부터 현대 경제 구조의 작동 방식까지, 실생활과 밀접한 내용을 다룹니다. 이 책을 읽은 후 저는 자본주의를 단순히 경제 시스템이 아니라, 우리가 활용할 수 있는 '도구'로 바라보게 되었습니다.

ⓒ가나문화콘텐츠

이 책은 제가 재테크와 경제 흐름을 바라보는 시각을 새롭게 만들어주었습니다. 물론, 책을 여러 번 읽어도 이해되지 않는 부분들이 여전히 존재하지만, 제가 파악한 자본주의의 핵심을 간단히 정리해 보겠습니다. 자본주의를 이해하는 것은 단순히 경제 지식을 늘리는 것을 넘어, 재테크와 투자, 나아가 퇴사 후 자신의 사업을 계획하는 데 필수적인 도구가 될 것입니다.

자본주의의 핵심(은행 시스템 이해하기)

자본주의를 이해하기 위해 가장 먼저 알아야 할 것은 은행의 역할과 대출 시스템입니다. 이 부분을 이해하면 자본주의의 약 50%는 파악할 수 있다고 생각합니다. 나머지 50%는 뉴스에서 자주 듣는 용어들, 즉 통화 팽창, 물가 상승, 화폐 가치 하락, 경제 위기 등을 통해 전반적인 경제 흐름을 이해하는 것 등의 과정을 거쳐야 합니다.

은행 시스템은 어떻게 작동할까요? 사실, 자본주의는 '은행 시스템'으로 정의하면 이해하기가 훨씬 쉽습니다. 은행은 보유한 돈의 약 10%만 남겨두고 나머지 90%는 빌려줍니다. 이를 '지급준비율'이라고 부르는데, 이것이 사실상 은행의 핵심 구조입니다. 예를 들어, 제가 은행에 1천만 원을 저축한다고 가정하면, 은행은 이 중 10%인 100만 원만 남겨두고 나머지 900만 원을 다른 사람에게 대출해줍니다. 이 대출받은 돈은 또 다른 은행으로 흘러가고, 그곳에서 다시 90%를 빌려주는 방식으로 돈이 계속 만들어집니다. 결국, 은행 시스템을 통해 '빚'이라는 형태로 돈이 계속 창출되는 구조가 만들어집니다.

🏛 인플레이션 Inflation 과 화폐 가치의 하락

은행 시스템을 통해 돈이 계속 만들어지다 보니, 물가는 자연스럽게 상승할 수밖에 없습니다. 많이들 들어보셨겠지만, 이것이 바로 '인플레이션'입니다. 예를 들어, 자장면 가격을 생각해봅시다. 2024년 기준, 자장면 한 그릇의 평균 가격은 약 7~8천 원입니다. 그런데 불과 15년 전인 2010년에는 3,900원이면 자장면을 사 먹을 수 있었습니다. 자장면이 더 맛있어져서 가격이 오른 것이 아닙니다. 화폐의 가치가 하락하고, 통화량이 팽창하며, 물가가 상승한 결과입니다.

직장인들이 항상 하는 말이 있습니다.

●●

물가는 전부 오르는데, 내 월급만·오르지 않는다.

●●

자본주의의 구조적 특징을 정확히 짚어낸 말입니다. 직장인의 급여는 물가 상승을 따라가지 못하기 때문에, 근로소득만으로 부자가 되는 것은 거의 불가능합니다. 예를 들어, 연봉이 매년 3% 오른다고 가정해 봅시다. 그런데 물가 상승률이 5%라면, 실질적으로 직장인의 경제적 상황은 매년 조금씩 더 나빠지게 됩니다. 이로 인해 직장인들이 느끼는 상대적 박탈감과 좌절감은 커질 수밖에 없습니다.

자본주의 시스템을 이해하게 되면, '왜 근로소득만으로는 부자가 될 수 없는지', '왜 투자와 자산을 통한 부의 증식이 필요한지'를 깨닫게 됩니다.

그렇다면, 자본주의 시스템을 이해한 우리는 무엇을 해야 할까요?

첫째, 대출은 도구일 뿐이라는 점을 기억해야 합니다. 자본주의에서는 대출을 잘 활용하는 사람들이 부를 창출합니다. 대출을 부정적으로 바라보는 것이 아니라, 대출을 생산적인 투자로 연결시키는 방법을 배우는 것이 중요합니다.

둘째, 인플레이션을 이기는 자산을 가져야 합니다. 화폐 가치는 계속 하락하기 때문에, 부동산, 주식 등 물가 상승에 따라 가치가 오를 수 있는 자산을 확보하는 것이 필수입니다.

셋째, 사업을 통해 현금 흐름을 창출해야 합니다. 직장에서 주는 월급 외에 추가적인 수입원을 만들어야 합니다. 사업은 리스크도 크지만, 성공하면 자본주의의 구조적 한계를 뛰어넘을 수 있는 도구가 됩니다.

물론 직장에서 주는 월급으로만 살아가는 것이 불가능하다고 해서 좌절할 필요는 없습니다. 중요한 것은 자본주의의 본질을 이해하고, 그 구조를 활용할 수 있는 방법을 배우는 것입니다. 저도 처음에는 자본주의를 단순히 '돈을 자유롭게 벌 수 있는 시스템'이라고만 생각했습니다. 그러나 이제는 자본주의는 돈이 돌고 도는 흐름 속에서 부가 창출되는 시스템이라는 점을 이해하게 되었습니다. 여러분도 자본주의를 이해하는 데 시간을 투자해보길 바랍니다. 그것이 여러분의 재테크와 사업, 그리고 궁극적으로 경제적 자유로 향하는 여정을 크게 앞당겨줄 것입니다.

직장인이 가져야 할
부자 마인드

직장인의 안정적인 급여와 복지 혜택의 중요성도 알아보았고, 자본주의 시대에서 직장인이 부자가 되기 어려운 구조도 살펴보았습니다. 그렇다면 이제 우리는 어떻게 해야 할까요? 답은 명확합니다. 자본주의 시대에 맞는 포트폴리오를 구축하고, 직장과 병행하여 새로운 파이프라인을 만들어야 합니다. 파이프라인을 만들기 전에 꼭 말씀드리고 싶은 한 가지가 있습니다. 이 책의 주제가 '1인 법인, 가족법인으로 재테크하기'이지만, 기본적인 전제는 '직장 생활을 하면서 가장 먼저 해야 할 일은 내 집 마련'이라는 것입니다.

내 집 마련(재테크의 첫걸음)

저의 경험을 바탕으로 말씀드리자면, 삶에서 주거 안정성은 무엇보다 중요합니다. 그래서 재테크를 시작하며 저의 1차 목표는 '내 집 마련'이었습니다. 이는 단순히 안정된 주거를 확보하는 것을 넘어, 자본주의 시대에서 재테크의 첫걸음이자 매우 중요한 시작점이 됩니다.

앞서 자본주의를 은행 시스템으로 이해해야 한다고 말씀드렸습니다. 내 집 마련 역시 자본주의의 은행 시스템을 활용한 대표적인 사례입니다. 저 역시 저축만으로는 집을 살 수 없었기에 주택을 담보로 은행 대출을 받아 부족한 부분을 채웠습니다. 이후 다른 집으로 갈아탈 때도 같은 방식을 활용했습니다. 이처럼 자본주의의 은행 시스템을 이해한 후 활용하면, 대출은 단순히 '빚'이 아니라 재테크를 시작하는 강력한 도구가 될 수 있습니다.

만약 제가 대출을 무조건 나쁘고 위험한 것으로만 생각해서 근로소득과 저축에만 의존했다면 물가 상승과 인플레이션을 감당하지 못해 평생 집을 마련하지 못했을 가능성이 큽니다. 자본주의에서 대출은 적절히 활용하기만 한다면 위험이 아닌 기회가 될 수 있습니다.

부동산 공부와 타이밍의 중요성

내 집 마련은 단순히 마음에 드는 집을 선택하는 것이 아닙니다. 부동산 시장의 흐름을 이해하고, 적절한 타이밍을 잡는 것이 매우 중요합니다. 부동산 시장은 결코 단순하지 않습니다. 금리, 정부 정책, 지역 개발 계획(재개발, 재건축), 수요와 공급 등 다양한 요소가 복합적으로 작용하는 영역입니다.

이를 이해하기 위해 부동산 공부는 필수입니다. 부동산은 단순히 자산을 보유하는 것 이상의 가치를 제공합니다. 정부 정책, 유망한 재개발, 재건축 지역들을 꾸준히 공부하고, 수요와 공급을 분석하고 적절한 시기를 선택하는 능력을 갖추면 자산의 가치를 극대화할 수 있습니다. 특히 서울은 이제 새로운 아파트를 지을 땅이 남아 있지 않습니다. 그러니 일반 분양한다고 하는 모든 아파트 단지들은 재개발 또는 재건축 아파트 단지라고 이해하면 됩니다. 저 또한 재개발, 재건축에 대해 공부하였고, 서울의 재건축 단지를 매수하여 신축 아파트 입성이라는 꿈을 이루었습니다.

대출(도구로 활용하는 것, 두려워하지 말라)

많은 분들이 대출에 대해 부정적인 인식을 가지고 있습니다. 대출은 무조건 나쁜 것이며, 빚을 지는 것은 피해야 한다고 생각하곤 합니다. 저 역시, 결혼 후 전세로 신혼집을 구할 때까지는 부정적인 인식을 가지고 있었습니다. 그러나 자본주의에 대해 조금씩 알게 되면서 생각이 바뀌었고, 대출은 도구일 뿐이라는 걸 알게 되었습니다. 만약 대출을 활용하지 않고, 근로소득과 저축만으로 집을 구매하려 했다면, 물가 상승과 인플레이션 때문에 평생 집을 마련하지 못했을지도 모릅니다. 대출은 잘 이용하면 재테크의 강력한 도구가 됩니다. 저는 항상 이렇게 말씀드립니다.

●●

대출을 현명하게 활용해야만 부자가 될 수 있습니다.

●●

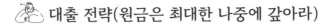 대출 전략(원금은 최대한 나중에 갚아라)

대출을 활용할 때 저는 화폐 가치의 하락, 즉 인플레이션을 고려합니다. 시간이 지날수록 화폐의 구매력이 떨어지기 때문에, 원금 상환은 최대한 나중으로 미룹니다. 대신 자본을 다른 투자에 활용하는 것이 더 유리하다고 생각합니다.

예를 들어, 주택담보대출로 빌린 돈의 이자는 꾸준히 갚되, 원금 상환은 나중으로 미룹니다. 이를 통해 현금 흐름을 확보하고 이 자금을 통해 더 높은 수익률을 기대할 수 있는 투자를 시도합니다. 물론 주택담보대출을 활용할 때에도 무리하지 않는 것이 중요합니다. 반대로, 만약 주택 매수에 필요한 금액보다 더 많은 금액을 빌릴 수 있다면 좋은 투자금 재원이 될 수 있습니다. 부담해야 하는 대출이자보다 수익이 클 것으로 생각된다면, 여유 있게 빌린 돈으로 사업 또는 투자를 시도해도 좋다고 생각합니다.

시작이 반이다(모멘텀 Momentum 의 힘)

여기서 중요한 것은 시작입니다. 아무 일도 하지 않으면, 아무 일도 일어나지 않습니다. 직장인으로서 첫걸음을 떼는 것은 물론 어렵지만, 시작하지 않으면 부자가 될 가능성은 0%가 됩니다.

도널드 트럼프 전 미국 대통령은 한 연설에서 '모멘텀'의 중요성을 강조하며, 건설업계의 윌리엄 레빗 사례를 언급했습니다. 레빗은 20년간 성실히 회사를 키운 후 성공적으로 매각하며 큰돈을 쥐게 되었습니다. 이후 그는 긴 휴식을 취하며 현업에서 물러났습니다. 그러나 그가 떠난 회사는 새 오너의 경영 아래 점점 매출이 감소했고, 결국 아무도 다시 회사를 인수하려 하지 않았습니다. 그때 레빗은 다시 회사를 이끌어 보라는 제안을 받았고, 흔쾌히 수락했습니다. 하지만 그는 예전만큼 사업을 성공 궤도에 올려놓지 못했습니다. 그는 이 실패의 이유를 그는 '모멘텀을 잃었기 때문'이라고 설명했습니다.

이 사례는 우리에게 의미 있는 교훈을 줍니다. 시작과 함께 얻은 추진력을 잃지 않고 꾸준히 이어가는 것이 얼마나 중요한지를 보여줍니다. 모멘텀은 사업뿐 아니라 삶의 모든 영역에 있어 꼭 필요한 요소입니다. '시작이 반이다'라는 말처럼, 시작과 동시에 추진력을 얻는 것이 성공의 첫걸음입니다. 내 집 마련도, 파이프라인 구축도 모두 시작하는 데서부터 모멘텀이 생깁니다. 지금 당장 움직이지 않으면, 내일도 변하지 않을 것입니다. 다시 말씀드리지만, 직장인으로서 자산을 구축하고 부자의 마인드를 키우는 과정은 꾸준함과 실행력을 요구합니다. 무엇보다 중요한 것은, 첫발을 내디디는 용기와 멈추지 않고 앞으로 나아가는 힘입니다.

자, 이제 부자 마인드를 장착하고 본격적으로 법인의 세계로 들어가 볼까요?

직장인을 힘들게 하는 물가 상승
물가는 오르는데
왜 내 월급만 안 오를까 냥

매번 실패하는 재테크

조금 더

책임감 있게 하는

방법은 없을까?

직장인들은 왜 매번 재테크에 실패할까?

경제적 자유

여러분은 이 단어를 떠올릴 때 어떤 감정이 드시나요? 희망과 기대, 그리고 조금은 막연한 두려움? 하지만, 이 단어는 꿈으로만 남아서는 안 됩니다. 바로 지금부터 만들어갈 우리의 현실입니다.

직장인이라면 누구나 한번쯤은 꿈꿔본 목표일 것입니다. 회사에 나가지 않아도, 일을 하지 않아도 매달 안정적인 현금흐름이 생긴다면 얼마나 좋을까요? 그래서 많은 사람들이 재테크를 시작하려 마음을 먹습니다. 그러나 현실은 다릅니다. N잡, 주식 투자, 부동산 투자 등 다양한 방법에 기웃거려 보지만 대부분의 경우 좌절로 끝나는 경우가 많습니다. 왜 그런 걸까요? 조급함, 준비 부족, 그리고 전략 부재가 주된 원인입니다.

'단기간에 큰돈을 벌고 싶다'는 조급함은 잘못된 선택으로 이어지기 쉽습니다. 단기적인 성과에 집착하다 보면 안정적인 계획보다는 한탕주의적인 접근으로 향하게 됩니다. 최근 한 설문조사를 찾아보니, 70%의 직장인들이 '단기간에 부자가 될 수 있는 투자'를 찾다가 실패를 경험한 적이 있다고 답했습니다. 이는 많은 사람들이 장기적인 계획 없이 조급한 마음으로 재테크에 덤벼들었기 때문입니다.

🏛 준비 부족 (기본을 무시하다)

많은 사람들이 재테크를 시작하기 전에 충분히 공부하지 않습니다. 재테크는 단순히 돈을 불리는 기술이 아닙니다. 자본주의 시스템을 이해해야 하며, 투자 대상에 대한 충분한 분석과 계획이 필요합니다.

🏛 전략 부재 (방향을 잃다)

명확한 목표와 전략 없이 시작하면 방향성을 잃기 쉽습니다. 수익률만을 쫓거나, 남의 성공 사례만 따라 하다 보면 자신의 상황에 맞지 않는 결정을 내리게 됩니다. 자, 이제 직장인들이 왜 재테크에서 실패하는지 구체적으로 살펴본 후, 성공을 위한 기본적인 태도와 전략을 제안해 보겠습니다. 실패를 통해 배우고, 나아가 성공으로 가는 길을 함께 고민해 보면 좋겠습니다.

🏛 주식 투자 (함정과 올바른 접근)

주식은 단순히 돈을 버는 수단이 아닙니다. 내가 할 수 있는 가장 훌륭한 창업이나 사업의 간접 경험이라고 보는 것이 적절합니다. 내가 관심을 두고 있는 업종에 대해 공부하고, 그 회사의 가능성을 분석하며 꾸준히 매달 적립식으로 주식을 모아가는 방식이 가장 이상적입니다.

그러나 현실은 어떨까요?

대부분의 초보 투자자들은 오픈 채팅방의 정보나 단기적인 소문에 의존합니다. 모아둔 종잣돈으로 한꺼번에 매수하거나, 극도로 높은 기대 수익률에 끌려 고위험 종목에 투자합니다. 결국, 주가는 하락하고 좌절감을 느끼며 '나는 재테크에 소질이 없다'는 슬픈 결론을 내립니다. 이런 실패는 잘못된 접근에서 비롯된 것일 뿐이지, 재테크 자체가 잘못된 것은 아닙니다. 꾸준히 연구하고, 철저히 분석하며 작은 금액부터 시작하는 것이 중요합니다. 그리고 여기서 한 가지 중요한 점은, 법인을 활용한 투자 방식을 고려하는 것입니다. 미국주식 경우 법인은 개인보다 유리한 세율 구조를 가지고 있습니다.

이는 뒷장에서 더 자세히 다루겠지만, 법인은 단순한 투자 플랫폼 이상의 도구입니다. 재테크의 구조를 바꾸고, 장기적으로 성장할 수 있는 기회를 제공합니다.

🏛️ 부동산 투자(실패의 패턴과 교훈)

부동산 투자 역시 마찬가지입니다. 많은 사람들이 유튜브 영상이나 부동산 관련 채팅방을 통해 빠르게 돈을 벌 방법을 찾습니다. 초기 종잣돈이 적을 때 '3천만 원으로 가능한 투자 방법'을 검색하며 접근 가능한 투자 대상을 물색합니다. 하지만 본인의 재정적 여력을 넘는 투자는 큰 리스크를 가져옵니다.

예를 들어, 주변에서 '유망하다'고 추천받은 신도시 상가를 초기 분양대금 10%만 지불하고 매수했는데, 시장 상황이 바뀌면서 공실과 대출 이자로 인해 큰 손실을 보는 사례를 흔히 볼 수 있습니다. 이런 실패에서 우리가 배워야 할 것은 감정이 아니라 계획으로 투자를 해야 한다는 것입니다. 시장의 트렌드를 분석하고, 가용 가능한 자금을 계속 늘려 나가며, 안정적인 수익을 보장할 수 있는 구조를 만드는 것이 핵심입니다. 법인을 활용한 부동산 투자 또한 이와 같은 관점에서 매력적이라고 할 수 있습니다.

법인은 상업용 부동산 대출에서 개인보다 유리하며, 투자 자금의 일부를 가수금으로 충당하거나 절세 전략으로 활용할 수 있습니다. 더 나아가, 부동산을 통해 얻은 현금 흐름을 추가적인 재투자나 사업 확장으로 연결할 수도 있습니다. 이러한 방식은 단순히 재산을 늘리는 것이 아니라, 자본주의 시스템 안에서 자산의 효율성을 극대화하는 방법입니다.

🏯 실패를 통해 배우다 (투자에서 가장 중요한 것은 꾸준함)

앞서 말했듯, 실패는 끝이 아닙니다. 시작도 아니고, 과정의 일부일 뿐입니다. 중요한 것은 꾸준히 배우고 개선하며, 자신만의 투자 철학을 세워나가는 것입니다.

주식이든 부동산이든, 성급함은 적입니다. 꾸준해야 합니다. 그리고 법인은 이러한 꾸준한 투자와 사업 확장에 적합한 플랫폼입니다. 법인을 통해 안정적인 구조를 만들고, 법인만의 장점을 활용하면 단순히 실패를 피하는 것을 넘어 성공의 발판을 세울 수 있습니다. 이는 비단 주식과 부동산 투자에 국한된 내용이 아닙니다. 재테크의 다른 방법인 부업, 창업도 그 맥락은 같습니다.

다시 정리해 보겠습니다.

🏛️ 법인이 주는 책임감(더 신중하고 성장하게 만드는 힘)

개인으로 시작하는 부업이나 창업은 실패하면 쉽게 '에이, 하지 말지!' 하며 포기하는 경우가 많습니다. 그만큼 리스크에 대한 심리적 부담이 적고, 중간에 그만두더라도 다시 원점으로 돌아가는 것이 가능하기 때문입니다. 그러나 법인은 다릅니다.

법인을 설립하는 순간, 마치 새로운 생명을 탄생시키는 것과 같은 책임감을 느끼게 됩니다. 법인의 대표가 되는 것은 단순히 사업을 운영하는 것을 넘어, 하나의 독립된 주체를 책임지는 위치에 서는 것을 의미합니다. 이 책임감은 개인으로 하여금 재테크를 할 때와는 전혀 다른 태도를 갖게 합니다.

🧑 더 신중해지는 투자 결정

주식 투자이든 부동산 투자이든, 법인을 통해 이루어지는 모든 투자 결정은 더욱 신중할 수밖에 없습니다. 법인의 자산과 이름이 걸린 만큼, 단기적인 감정이나 충동에 의한 결정보다는 철저한 분석과 계획을 통해 움직이게 됩니다. 이러한 과정을 통해 투자 실패의 확률을 줄이고, 더 나은 수익을 만들어낼 가능성이 높아집니다. 자, 이제 법인 투자가 주는 이점에 대해 좀 더 자세하게 살펴봅시다.

🏛️ 장기적인 관점에서의 전략 수립

개인으로 투자할 때는 단기적인 이익에 흔들리기 쉽습니다. 하지만 법인은 장기적인 관점에서 회사를 성장시키고 자산을 관리해야 한다는 책임감을 부여합니다. '이 투자가 회사의 5년 후, 10년 후에 어떤 영향을 미칠까?'라는 질문을 자연스럽게 던지게 되고, 더 큰 그림을 그리며 전략을 세우게 됩니다.

실패하더라도 쉽게 포기하지 않음

개인으로는 실패해도 그만이라는 생각을 하기 쉽지만, 법인은 다릅니다. 법인은 자신과 별개의 독립된 존재입니다. 따라서 이 생명을 유지하고 성장시키려는 의지와 동기가 생기기 마련입니다. 설령 초기 사업이나 투자에서 실패하더라도 '이 법인을 어떻게 다시 살릴 수 있을까?'를 고민하며 재도전의 의지를 갖게 됩니다. 이는 법인이 개인에게 주는 가장 큰 성장 동력 중 하나입니다.

법인을 통한 성장과 자기계발

법인을 운영하며 얻게 되는 책임감과 경험은 대표 개인의 성장으로 이어집니다. 단순히 돈을 벌기 위한 수단을 넘어, 법인을 통해 자신이 더 큰 사람이 되어가는 과정을 체험하게 됩니다. '법인이 성장하면 나도 성장한다'는 깨달음이 이 과정에서 얻는 가장 큰 보람일 것입니다.

올바른 접근법(꾸준함과 장기 전략의 힘)

재테크에서 성공하기 위해서는 단기적인 이익에 집착하거나 완벽한 타이밍만을 기다리는 대신, 꾸준함과 장기 전략을 갖추어야 합니다. 주식 투자를 할 때는 매달 소액이라도 적립식으로 투자하며, 자신이 투자하고 있는 기업에 집중해야 합니다. 단기적인 주가 변동에 흔들리지 않고 기업의 성장 가능성을 바라보는 투자 태도가 중요합니다.

부동산 투자에서도 마찬가지입니다. 단번에 큰 이익을 내겠다는 욕심을 버리고, 자신의 재정 상태와 시장 상황에 맞는 안정적인 투자부터 시작하는 것이 좋습니다. 예를 들어, 먼저 개인(부부라면 공동명의)으로 내 집 마련이나 실수요 중심의 투자로 시작해 경험을 쌓아야 합니다. 그 후 매월 현금 흐름을 창출할 수 있는 상업용 부동산을 법인으로 공부하고 투자해볼 수 있습니다.

모멘텀의 중요성도 잊지 말아야 합니다. 앞서 언급한 것처럼, 재테크는 한 번 멈추거나 중단하면 다시 시작하기 어렵습니다. 작은 금액이라도 꾸준히 투자하고, 매일 공부하는 습관을 갖는 것이 길게 보았을 때 큰 차이를 만들어냅니다.

마지막으로 중요한 것은 다양화된 포트폴리오 구축과 현실적인 목표 설정입니다. 모든 자산을 한 곳에 집중하기보다는, 법인으로써 미국 주식, 부동산, 창업 등으로 위험을 분산하는 전략이 필요합니다. 단기적인 성과를 기대하기보다는 5년, 10년 후의 자신의 모습을 상상하며 꾸준히 실행에 옮기는 것이 성공의 열쇠입니다.

🧔 왜 법인 투자인가?

이제 막 재테크를 시작하는 분들이라면, 법인을 활용한 투자가 멀게 느껴질 수 있습니다. 하지만 법인은 단순한 절세 도구가 아닌, 꾸준한 자산 증식의 강력한 플랫폼이라고 자신 있게 말씀드릴 수 있습니다.

예를 들어, 개인으로 미국 주식에 투자할 때는 약 22%의 양도세가 적용되지만, 법인으로 투자하면 세율이 약 9.9%로 낮아져 자산 증식에 훨씬 유리합니다. 또한 법인을 통해 부동산 투자를 하면 더욱 큰 레버리지를 활용할 수 있습니다. 이와 같은 법인의 장점은 잠시 후에 자세히 다룰 예정입니다.

지금까지 알아본 경제적 자유의 원칙들과 연결하면, 법인을 활용한 투자와 자산 관리가 얼마나 강력한 도구인지 이해하실 수 있을 것입니다.

꼭 기억하세요.
지금 당장 시작하지 않으면,
내일도 변하지 않는다 냥

개인의 틀에서 벗어나 새로운 시각을 가져라

저는 두 아이를 둔 아빠, 즉 한 가정의 평범한 가장이자 회사에 다니는 직장인입니다. 하지만 저는 매 순간 더 나은 삶을 위해 끊임없이 노력하며 평범함을 넘어서기 위해 도전하고 있습니다.

회사에서 열심히 일하는 것은 물론이고, 가정에서도 누구보다 열심히 육아하고 아이들과 유익한 가지려고 노력합니다. 그리고 매일 새벽 4시에 일어나 재테크와 자기 계발에 집중하며 시간을 낭비하지 않으려 노력합니다. 제가 이렇게 저의 삶에 대해 자신 있게 말할 수 있는 이유는 바로 법인의 개념을 알게 된 것 덕분입니다.

물론 법인을 알기 전에도 재테크에 열심히 매달렸습니다. 특히 부동산 공부를 하며 임장을 열심히 다녔고, 서울 구축아파트로 내집마련을 했고 갈아타기를 통해 마침내 서울 신축 아파트 한 채를 마련하는 데 성공했습니다. 하지만 그 기쁨도 잠시, 갈아탄 아파트 매매가가 올

라가면서 대출 부담이 커졌고, 제 삶이 정체된 것처럼 느껴졌습니다. '이제 평생 대출이나 갚으며 살아야 하나?' 하는 막연한 불안과 함께 제 삶은 더 나아가지 못했습니다.

🧗 내 집 마련 후 찾아온 고민과 변화

더 나은 주거 환경을 위해 상급지로 갈아타면서 대출 규모는 커졌습니다. 대출이 커지면서 아이들 학원비와 생활비를 충당하기에도 빠듯한 상황이 되니 직장에 더욱 의존할 수밖에 없었습니다. 승진과 인사고과에 집착하게 되면서, 점점 더 직장에 묶여 있다는 느낌을 받았습니다. 그러던 중, 저는 다시 한번 독서의 힘을 믿기로 했습니다. 대출 구조와 자본주의의 본질을 이해하기 위해 다양한 책을 읽었고, 한 가지 중요한 깨달음을 얻었습니다.

〝

오늘의 1억 원은 10년 후의 1억 원과 다르다.

〝

시간이 지남에 따라 화폐 가치가 하락한다는 자본주의의 기본 원리를 알게 된 것입니다. 이 깨달음은 저에게 새로운 전략을 세울 동기를 부여했습니다. 주택담보대출의 원금을 최대한 나중에 상환하고 이자만 갚는 방식을 선택해, 여유 자금을 확보할 수 있었습니다. 이 자금은 제가 다시 한번 재테크와 투자를 고민하게 만든 중요한 발판이 되었습니다.

🧑‍🦱 독서를 통해 얻은 새로운 시각

그렇게 시작된 독서는 제 인생의 변곡점이 되었습니다. 특히 엠제이 드마코의 『부의 추월차선』과 로버트 키요사키의 『부자 아빠 가난한 아빠』는 저의 사고방식을 완전히 바꿔 놓았습니다. 이 두 권의 책은 단순한 동기부여를 넘어, 제가 지금까지 느낀 한계의 이유를 명확히 설명해주었습니다.

©토트출판사

먼저, 『부의 추월차선』의 한 부분을 소개하겠습니다.

🏛️ 『부의 추월차선』을 통해 배운 시스템의 중요성

엠제이 드마코는 시스템의 중요성에 대해 다음과 같이 설명합니다.

〓〓

스스로를 소유하지 못하면, 스스로에게 먼저 투자할 수 없다.
직장은 그런 구조이다.
주식회사, 소규모 회사, 유한책임 회사 등은 공통적으로
법적 책임의 제한과 세금 효율의 이점으로
추월차선 사업에 좋은 구조이다.

〓〓

"현재의 가난함은 과거의 자신이 잘못된 선택을 했기 때문이다. 선택권을 남에게 넘겨주는 선택을 해왔기에 가난한 것이다. 당시의 결정은 부의 궤도에서 1 정도 차이 났을 수 있지만, 영향격차에 의해 시간의 흐름에 따라 그 격차가 점점 더 벌어진다."

직장은 안정적인 소득을 제공하지만, 본질적
으로는 내가 소유하지 못한 시스템 속에서 일하는
구조입니다. 반면, 자신만의 시스템(법인이나 사업)
을 소유하면 능동적으로 미래를 설계할 수 있습니
다. 이는 하고 싶은 일을 회사를 만들어 해보라는
메시지인데, 사실 직장인에게는 크게 와닿지 않습

©민음인

니다. '내가 어떻게 회사, 기업을 만들어?'라는 생각을 하게 됩니다. 저
도 처음에는 그랬습니다. 그렇다면,『부자 아빠 가난한 아빠』의 저자
로버트 키요사키는 이에 대해 어떻게 설명했을까요? 함께 살펴봅시다.

🏯 『부자 아빠 가난한 아빠』를 통해 배운 법인의 힘

로버트 키요사키는 법인을 활용한 부의 증식을 다음과 같이 설명
합니다.

●●

부자 아버지는 기업을 통해 영리하게 투자했다.
그것이 바로 부자들의 가장 큰 비밀이다.

●●

이 한 문장이 모든 것을 담고 있습니다. 즉 법인의 강력한 장점이
함축되어 있습니다. 부자들은 법인을 통해 돈을 벌고 지출한 후, 남은
금액에 대해서만 세금을 냅니다. 반면, 직장인은 돈을 벌자마자 소득
세를 납부하고, 남은 돈으로 생활비를 충당한 후 저축 및 투자를 해야
합니다. 이 차이는 단순한 숫자의 문제가 아닙니다. 세후 자본의 크기
가 곧 투자 가능성의 크기를 결정하기 때문입니다.

예를 들어, 동일한 소득을 가진 두 사람이 있다고 가정해 봅시다. 한 사람은 직장인으로서 고정된 소득세를 납부하고, 다른 한 사람은 법인을 통해 세금을 최적화하며 자본을 축적합니다. 시간이 지남에 따라 두 사람의 자산 증식 속도는 급격히 달라지게 됩니다.

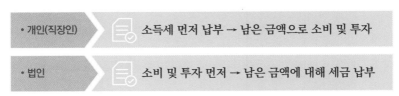

- 개인(직장인) ▶ 소득세 먼저 납부 → 남은 금액으로 소비 및 투자
- 법인 ▶ 소비 및 투자 먼저 → 남은 금액에 대해 세금 납부

법인이 직장인의 틀을 벗어나게 하는 이유

- 절세 효과: 법인의 세율은 일반적으로 개인 소득세보다 낮습니다. 또한, 사업 관련 비용을 경비로 처리할 수 있어 세금을 최적화할 수 있습니다.
- 재투자 가능성: 절세를 통해 확보한 자본을 다시 사업이나 투자에 활용할 수 있습니다. 이는 자산 증식 속도를 더욱 가속화합니다.
- 책임의 분리: 법인은 독립된 법적 주체이기 때문에, 개인의 리스크를 법인이 일부 분담할 수 있습니다.

실질적인 예시(직장인 vs 법인의 자산 증식)

- 직장인: 연봉 5,000만 원 → 세후 약 3,500만 원 → 생활비 2,500만 원 → 투자 가능 금액 1,000만 원
- 법인: 동일한 수익을 법인을 통해 창출(5,000만 원) → 사업 목적

비용 2,000만 원 경비 처리 → 남은 3,000만 원 중 약 10% 세금 → 2,700만 원 재투자 가능

🏛 결론(법인은 단순한 절세 도구를 넘어선 가능성이자 희망)

법인의 구조는 직장인으로서는 경험하기 어려운 다양한 기회를 제공합니다. 법인은 단순히 절세를 넘어, 장기적인 자산 증식의 기반을 마련해 줍니다. 특히 가족법인을 통해 자녀에게 증여를 하거나, 법인 명의로 부동산과 주식 투자를 실행하면, 부의 증식 속도가 더욱 가속화됩니다.

❝

부자 아빠의 가르침은 단순했습니다.
법인은 부를 관리하고 증식하는 최고의 도구다.

❝

이제 직장인의 틀을 넘어 최고의 재테크 플랫폼인 법인을 활용한 새로운 길을 고민해볼 때입니다.

🧔 직장인의 재테크 한계와 새로운 방향

직장인으로서 재테크를 시작하는 것은 분명 좋은 출발입니다. 내 집 마련과 같은 목표는 매우 중요하며, 이를 통해 자산을 확보할 수 있습니다. 하지만 대부분의 직장인은 여기서 멈춥니다. 대출을 갚으며 주식이나 소규모 부동산 투자를 이어가지만, 시세 차익을 내기까지는 오랜 시간이 걸립니다.

결국 대출 이자와 생활비로 인해 큰 변화를 이루기 어렵습니다.

저 역시 한때는 이 틀에 갇혀 있었습니다. 하지만 시스템 구축이라는 개념을 깨닫고 난 후 비로소 새로운 방향을 찾을 수 있었습니다. 단순히 돈을 벌기 위한 투자가 아니라, 나만의 시스템을 통해 돈을 불리는 구조를 만드는 것이 중요하다는 것을 깨달았습니다.

이 책을 읽고 계신 여러분께 한 가지 부탁을 드리고 싶습니다. 직장인의 한계를 넘어 새로운 시각과 도구를 배운 후, 직접 행동해보십시오. '법인'이라는 플랫폼은 이제 대기업만의 소유물이 아님을 다시 한번 강조하고 싶습니다. 경제적 자유는 꿈꾸기만 해서 얻을 수 있는 것이 아닙니다. 법인을 설립하고, 시스템을 구축하며, 내가 가진 자원을 효율적으로 활용하다 보면 진정한 부의 길로 다가갈 수 있습니다. 이제 이러한 법인의 개념과 구조에 대해 더 깊이 다루겠습니다. 직장인의 틀을 넘어, 법인의 세계로 한 걸음 내디뎌 보시기 바랍니다.

❝

생각을 바꾸면 행동이 바뀌고,

행동이 바뀌면 결과가 바뀐다.

❞

지금 행동하십시오. 여러분의 새로운 길이 시작됩니다.

법인이란
무엇인가?

앞서 부자의 사고 방식을 알아보았습니다. 저는 법인을 알게 된 후 주저 없이 바로 법인을 설립했습니다. 복잡하게 생각하지 않고, 일단 1인 법인 부터 실행하였습니다. 독서를 통해 정답을 찾았기에 실행하지 않을 이유가 없었습니다. 부자들의 길을 좇고 싶었기에, 바로 법인의 세계에 발을 들였습니다.

사실 법인에 대해 조금씩 공부를 하다 보면 가족법인까지 알게 되는 것이 자연스러운 흐름입니다. 그러나, 가족을 주주까지 생각하면 복잡하다고 생각하시는 경우가 많습니다. 사실 법인 설립 준비 기간 동안 법무사님이나 세무사님들 중에서도 세무조사를 이유로 미성년자를 주주로 하는 것을 꺼려 하는 분들이 계십니다. 그래서, 결국 실행을 미루고 심지어 포기하시는 분들도 정말 많으십니다.

참고로, 저는 1인 법인으로 시작해서 세무 기장을 담당하시는 세무사님 조언을 바탕으로 즉시 가족법인으로 전환하였고 4년째 운영하고 있습니다. 재테크에 눈을 뜬 독자 분 들 이시라면 미성년자 자녀에게 10년간 2천만원 증여하는 방법은 잘 알고 있을 것입니다. 저는 자녀가 2명이고 각 2천만원을 증여하여 자녀 계좌로 미국주식투자를 하려고 하였으나, 가족법인으로 가족 주주 형태로 공동 주인이 되어 부동산투자, 사업, 미국 주식 등을 같이 병행해 나가는 방법이 더 효율적이라 판단하였습니다.

이에 마지막 장에서 가족법인에 대한 얘기도 상세하게 풀어보려 합니다. 자녀에게 좋은 자산을 절세해서 물려주고 싶은 마음은 누구나 같을 것입니다. 우선은 법인의 개념과 1인 법인에 대한 내용을 익히다 보면, 가족법인과 관련된 내용도 쉽게 이해할 수 있을 것입니다.

법인의 본질(법으로 태어난 사람)

법인이란, 말 그대로 '법으로 태어난 사람'입니다. 많은 분들이 법인을 '사업체'나 '회사'로만 이해하지만, 사실 법인은 법적으로 만들어진 하나의 인격체입니다. 어떤 분들은 법인을 '절친'이라고 부르기도 하고, 심지어 '자식'처럼 느낀다고도 합니다.

저는 부모님이 낳아주셨고, 부모님의 보살핌 속에서 성장했습니다. 출생등록을 하면 주민등록번호가 생기며 성인이 되면 주민등록증도 발급됩니다. 저는 학교를 졸업하고 현재 직장에 다니고 있는 전 차장입니다. 회사에 입사할 때도 저의 신분을 주민등록번호로 확인합니다. 입사지원서에도 개인정보가 기록되어 있습니다. 그리고 저는 개인 주민등록번호로 모든 업무를 처리합니다. 대표적으로, 은행에서 인증서를 발급받아 급여를 그 통장으로 받고 개인 인터넷뱅킹을 하고 있습니다.

자, 그렇다면 법으로 태어난 사람인 법인은 어떨까요? 법인도 마찬가지입니다. 법으로 태어난 인격체이므로 모든 것이 개인과 동일합니다. 은행 홈페이지를 보면 쉽게 이해가 되실 것입니다. 다음은 제가 주거래를 하고 있는 은행의 홈페이지 메인 화면입니다. 상단에 개인과 기업(법인)이라는 글자가 보이시나요?

개인과 법인, 법인은 기업, 기업은 회사. 뭔가 실타래가 풀려나가는 느낌이 드시죠? 우리가 일반적으로 다니고 있는 회사가 바로 법인입니다. 자, 그럼 다음 페이지와 같이 다시 한번 정리를 해보겠습니다. 쉽게 생각하시면 됩니다. 완전 별개인 사람을 하나 만든 겁니다. 그 사람을 통해 사업도 하고 투자도 할 수 있습니다. 마치 한 명의 개인처럼 말이죠.

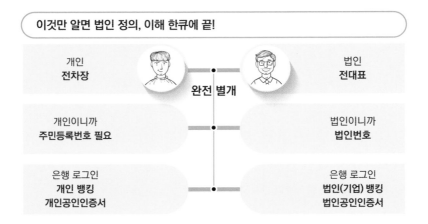

이것만 알면 법인 정의, 이해 한큐에 끝!

개인	완전 별개	법인
전차장		전대표
개인이니까 주민등록번호 필요		법인이니까 법인번호
은행 로그인 개인 뱅킹 개인공인인증서		은행 로그인 법인(기업) 뱅킹 법인공인인증서

법인은 회사라고 했습니다. 그러나 우리가 흔히 알고 있는 LG나 삼성 같은 대기업만 회사인 것은 아닙니다. 법인은 그 구성과 목적에 따라 다양한 형태로 존재할 수 있습니다. 예를 들어, 1인이 운영하면 1인 법인, 가족이 구성원이면 가족법인, 공동 투자 목적으로 세우면 투자법인 등으로 불릴 수 있습니다. 하지만 그 모든 출발점은 동일합니다. 법인은 법적으로 독립된 하나의 '사람'을 만들어서 운영하는 것입니다.

법인도 마치 개인처럼 다양한 모양으로 존재합니다. 남성과 여성이 있듯, 법인 역시 그 목적과 구성에 따라 공법인과 사법인, 영리법인과 비영리법인, 사단법인과 재단법인 등으로 나뉩니다. 여기까지만 들어도 벌써 머리가 아프다고요? 그래서 저는 이 책에서 법인을 상법상 '주식회사'로 간단히 정의하고자 합니다.

상법에서는 회사를 주식회사, 유한회사, 유한책임회사, 합명회사, 합자회사로 나누고 있습니다. 이들은 모두 영리를 목적으로 설립된 법인입니다. 각각의 특징이 조금씩 다르지만, 이 책에서는 '법인'이라고 하면 가장 일반적인 형태인 주식회사를 뜻합니다.

혹시 지금 재직 중인 회사의 사업자등록증을 본 적이 있으신가요? 회사의 관리팀이나 총무팀, 혹은 회계 담당자가 아니시라면 아마 사업자등록증을 보지 못하신 분이 많으실 겁니다. 내일 출근하면 관리팀이나 회계팀에 사업자등록증을 요청해서 한 번 확인해보세요. 다니고 있는 회사가 법인이라면 아마도 '주식회사'로 등록되어 있을 가능성이 매우 높습니다. 그런데 그 주식회사, 우리도 만들 수 있습니다. 바로 1인 법인을 통해서 말이죠. 이건 남의 이야기가 아닙니다. 1인 법인은 마음만 먹으면 누구든지 설립할 수 있습니다. 만약 현재 직장이나 기타 상황 때문에 본인이 직접 발기인이 되기 어렵다면, 가족을 구성원으로 하여 법인을 설립할 수도 있습니다. 다시 말씀드리지만, 누구나 마음만 먹으면 가능합니다.

아직도 낯설고 믿기지 않으시나요? '나는 평생 직장에서 월급 받는 직장인으로 살아갈 줄 알았는데, 내가 어떻게 회사를 설립해?'라는 의문이 드실 수 있습니다. 개인사업자는 들어봤지만, 내가 정말 주식회사의 대표가 될 수 있다는 사실이 놀랍게 느껴지시나요? 저도 그랬습니다. 직장인인 제가 주식회사의 주주가 되고, 대표가 될 수 있다는 것을 전혀 몰랐습니다. 법인의 존재를 제대로 알기 전까지는요. 그러나 이제는 확신합니다. 저도 해냈으니, 여러분도 충분히 하실 수 있습니다.

이제부터 법인을 통해 재테크를 시작하는 방법을 하나씩 알려드리겠습니다. 이 책을 믿고 따라오신다면, 여러분도 자신만의 법인을 설립하고 활용할 수 있을 것입니다.

1인 법인으로
재테크를 시작해야 하는 이유

직장인이 재테크를 시작할 때 법인을 활용하는 것이 좋은 이유를
5가지로 정리해보겠습니다.

1) 직장에 알리지 않고 안전하게 부수입을 관리할 수 있다

직장인이라면 부업이나 투자를 통해 추가 소득을 만들 때 가장 걱
정되는 부분이 있을 것입니다. 바로, 회사에 알려지는 것인데요. 특히,
직장 내에 겸업 금지 조항이 있는 경우 상사가 이를 알게 되었을 때 받
게 될 불이익을 염두에 두어야 합니다. 현실적으로 상사가 직원의 다른
일을 반기는 경우는 거의 없습니다.

예를 들어, 부업으로 소득이 발생하면 건강보험료나 의료보험료
등의 공제 금액이 달라질 수 있습니다. 회사의 인사팀이나 총무팀에서
는 이러한 변동 사항을 확인할 수 있고, 이를 통해 직원이 급여 외 다른

소득원을 가지고 있다는 사실을 알게 될 수 있습니다. 이런 상황은 직장인에게 상당히 부담스럽고 난감한 상황을 초래할 수 있습니다. 이럴 때 법인을 활용한 재테크는 아주 효과적인 대안이 됩니다. 법인은 개인과 완전히 독립된 주체로, 개인의 급여와 별도로 모든 소득과 자산이 관리됩니다. 저의 경우, 법인을 설립하고 나서도 법인에서 급여나 배당 소득을 전혀 받지 않는 '무보수 신고' 상태를 유지하고 있습니다. 따라서 제가 운영하는 법인의 재테크 활동과 수익에 대해 직장에서 전혀 알 수 없습니다.

또한, 법인에서 발생하는 소득은 철저히 법인의 소유입니다. 법인 대표라 하더라도 함부로 돈을 인출할 수 없으며, 개인이 그 돈을 사용하기 위해서는 급여나 배당 소득 지급 등 정식 절차를 거쳐야 합니다. 법인의 수익은 직장인의 개인 재산과 분리되어 철저히 보호되는 것입니다.

저는 법인의 수익을 바로 개인적으로 소비하는 대신, 이를 법인 내에서 재투자하거나 사업 자금으로 활용하며 지속적으로 불려가고 있습니다. 법인을 통해 소득을 관리하면 직장에 부담을 주지 않으면서도, 안정적으로 자산을 증대시키는 기반을 마련할 수 있습니다.

2) 책임감과 지속성이 생긴다

직장인이라면 누구나 한번쯤 경제적 자유를 꿈꿉니다. 주식이나 부동산 소액투자에 도전하기도 하고, 때로는 '한 방'을 노리는 고수익 투자에 관심을 가지기도 합니다. 하지만 이런 방식은 대부분 장기적인 성과를 내지 못하고, 열정도 금세 식어버리기 마련입니다. 결국 다시 직장 월급에 의존하는 생활로 돌아오게 됩니다.

하지만 법인을 설립하면 상황이 완전히 달라집니다. 법인을 설립한 순간, 당신은 한 회사의 정식 대표가 됩니다. '1인 법인'이라고 해서 절대 가볍지 않습니다. 법인 대표라는 타이틀은 당신의 마음가짐을 근본적으로 바꿔놓습니다. 이제는 단순히 취미로 재테크를 시도하는 것이 아니라, 법인을 운영하고 성장시킨다는 책임이 생기기 때문입니다.

법인은 단순히 재테크의 수단이 아닙니다. 하나의 '사람'과도 같습니다. 법인을 설립한다는 것은 새로운 생명을 만들어낸 것입니다. 그렇기에, 법인의 매출을 올리고 꾸준히 운영해 나가야 한다는 책임감이 자연스럽게 생깁니다. '법인은 내 자식이다'라고 생각해 보세요. 아무리 힘들고 어려워도 포기할 수 없고, 어떻게든 성장시키고 싶어질 것입니다.

직장인의 경우, 실패를 두려워하지 않는 자세가 때로는 무기일 수 있으나, '이번에 안 되면 다음에 또 하면 되지'라는 가벼운 마인드로 반복되기도 합니다. 법인을 운영할 때는 이러한 가벼운 태도가 통하지 않습니다. 법인은 지속적으로 관심과 노력을 필요로 하는 존재입니다. 법인의 존재는 재테크를 단순히 일시적인 도전으로 끝내는 것이 아니라, 꾸준히 이어갈 수 있는 원동력을 제공합니다.

법인을 설립하고 운영하며, 대표로서의 책임감과 성장에 대한 동기부여를 경험해보세요. 법인을 통해 경험하는 이러한 변화는 단순히 자산을 불리는 것 이상의 가치를 가져다줄 것입니다.

3) 절세와 세무 지식을 습득할 수 있다

법인을 운영하면서 가장 크게 느낀 변화 중 하나는 세금에 대한 인식과 태도입니다. 한 회사의 대표가 되니, 자연스럽게 세금과 재무 관리에 신경을 쓰게 되었죠. 특히 저는 공대생 출신의 40대 직장인이었기에, 재무나 세금에 대해 관심도 없었고 심지어 부가세의 개념조차 제대로 알지 못했습니다. 그러나 법인을 운영하고 세금에 대해 하나씩 배워가면서, 발전하는 스스로의 모습을 보게 되었습니다.

여러분도 혹시 이런 말 들어보셨나요?

❝

가장 좋은 재테크는 절세다.

❞

이는 단순히 세금을 줄이려는 행동을 넘어, 정부의 정책과 제도를 이해하고 활용해 자신의 재정을 더욱 효율적으로 관리할 수 있다는 뜻입니다. 법인을 설립하면 자연스럽게 이러한 절세 전략에 대해 배우고, 관련 금융 지식을 확장해 나갈 수 있습니다.

제가 1인 법인을 처음 설립했을 때부터 가장 먼저 한 일은 세무 기장을 세무사님께 맡기는 것이었습니다. 비록 매출이 크지 않은 1인 법인이었지만, 전문가의 도움을 받는 것이 가장 중요하다고 생각했습니다. 현재 제 담당 세무사님은 강남구 역삼동에서 사무소를 운영하고 계시는데, 사무소가 직장과 가까워 자주 방문해 세금 관련 상담을 받곤 합니다. 세무사님과의 주기적인 상담은 단순히 세금을 정리하는 것을 넘어, 세금 절약과 합법적인 절세 전략을 배울 수 있는 기회가 됩니다.

사실 법인을 운영하는 일은 혼자서 모든 것을 책임져야 한다는 점에서 고독할 때가 많습니다. 하지만 든든한 세무사님이 계시기에, 저는 마치 경리팀장 또는 회계고문을 모신 것 같은 안도감을 느낍니다. 그런 의미에서 매달 지출하는 세무기장료는 단순한 비용이 아니라, 법인의 운영을 더 체계적이고 안정적으로 만드는 투자라고 생각합니다.

또한, 법인을 운영하면서 절세는 단발적인 지식이 아니라 평생 공부해야 할 과목임을 깨닫게 되었습니다. 세법은 정부의 정책 변화에 따라 달라지기 때문에, 항상 새로운 정보를 습득하고 합법적인 절세 방법을 고민해야 합니다. 이러한 과정은 단순히 세금 부담을 줄이는 것을 넘어, 법인을 더욱 효율적으로 운영하고 재테크 실력을 한 단계 더 성장시키는 발판이 됩니다.

결론적으로, 법인을 통해 절세와 세무 관리 능력을 키우는 것은 개인 차원의 재테크에서 경험하기 힘든 소중한 자산이 됩니다. 법인을 설립하면 여러분도 세금과 금융에 대한 새로운 관점을 얻고, 이를 바탕으로 자신의 재정을 더 체계적으로 관리할 수 있을 것입니다.

4) 더 유리한 조건으로 부동산 투자를 할 수 있다

개인으로 주택 투자를 시도해보면, 정부 정책으로 인해 주택담보대출 규제가 매우 엄격하다는 점을 체감하게 됩니다. 특히 직장인으로서 규제지역의 주택을 투자하려고 하면, 대출 한도가 제한적이라 큰 장벽을 느낄 수밖에 없습니다.

그런 점에서 저는 법인을 통한 상업용 부동산 투자를 적극 권장합니다. 상업용 부동산 투자는 개인보다 법인으로 접근할 때 여러 면에서 유리합니다. 특히 법인으로 상업용 부동산을 매수할 경우, 대출 한도가 개인에 비해 통상 높은 경우가 많습니다.

심지어 신규로 설립한 법인이라도, 설립한 해에 부동산을 매수하려고 하면 탁상 감정가의 약 75%까지 대출을 받을 수 있는 은행이 있습니다. 이는 개인 대출로는 쉽게 접근할 수 없는 조건입니다. 금리를 잘 조율하면, 상업용 부동산을 매수하고 임대 사업을 통해 안정적인 현금 흐름을 창출하기에 매우 좋은 구조가 됩니다.

또한, 법인의 대표 신용도를 함께 참작하여 대출을 받으면, 일부 케이스에서는 탁상 감정가의 85% 이상의 대출을 받는 사례도 있습니다. 물론, 추가로 대표 신용을 담보로 제공하면 금리가 약간 높아지는 단점은 있지만, 그만큼 대출 여력이 넓어져 더 큰 투자를 실행할 수 있는 기회가 됩니다. 법인을 활용한 부동산 투자의 핵심은 대출금리보다 높은 수익률을 만들어내는 것입니다. 상업용 부동산의 경우, 임대료를 통해 현금 흐름을 꾸준히 창출할 수 있는 특성이 있습니다. 따라서 대출 상환 부담을 완화하며 지속적으로 자산을 키워나갈 수 있습니다.

저 역시 법인을 통해 상업용 부동산을 매수하고 임대 사업을 운영하며, 이 구조가 얼마나 안정적이고 장기적으로 유리한지를 체감하고 있습니다. 법인을 활용하면 개인으로는 접근하기 어려운 투자 기회를 열 수 있고, 더욱 유리한 투자 전략을 실행할 수 있게 됩니다.

5) 퍼스널 브랜딩 Personal Branding 을 확립할 수 있다

법인을 설립하고 운영하면서 제가 얻은 가장 큰 이점은 바로 퍼스널 브랜딩 Personal Branding 을 확립한 것입니다. 직장인으로서 단순히 급여를 받으며 살아가던 제가 법인의 대표가 되면서 '나만의 브랜드'를 만들어가는 과정을 경험하게 되었습니다.

처음에는 작은 구멍가게라도 운영해보자는 마음으로 법인을 만들었지만, 이 과정에서 법인이 단순한 사업체 그 이상의 의미를 지닌다는 것을 깨달았습니다. 법인을 설립한다는 것은 법적으로 새로운 '사람'을 탄생시키는 일입니다. 이 법인이 생명을 유지하도록 매출을 일으키고 성장시키는 것은 마치 자식을 키우는 것처럼 느껴졌습니다. 자연스럽게 법인을 살리기 위한 실행력이 생기고, 사업과 비즈니스에 대한 새로운 시각이 열렸습니다.

법인을 운영하다 보니 마케팅 분야에 자연스럽게 관심이 생겼습니다. 공대 출신으로 평생 엔지니어링 회사를 다니던 제가 세일즈와 마케팅에 대해 배우기 시작한 겁니다. '어떻게 하면 더 많은 사람에게 내 제품과 서비스를 알릴 수 있을까?'라는 질문을 끊임없이 하면서, 블로그 글쓰기부터 유튜브 콘텐츠 제작까지 도전하게 되었습니다.

특히 유튜브 Youtube 를 시작하면서 영상 기획, 대본 작성, 촬영, 편집 등 모든 과정에서 세일즈 포인트를 자연스럽게 배우고 익힐 수 있었습니다. 처음엔 망설이기도 했지만, 실행에 옮기자 더 많은 가능성이 열리는 것을 느꼈습니다. 공대생인 제가 세일즈 영역까지 공부하게 될 줄은 상상도 하지 못했지만, 법인의 대표로서 더 많은 매출을 올리고 사업을 성장시키고 싶다는 열망이 모든 걸 가능하게 했습니다. 자청 님의 책 『역행자』에 나왔던 구절이 떠올랐습니다. '유튜브에 영상을 업로드하는 사람은 상위 1%에 속한다.' 저는 영상을 직접 기획하고 업로드하며 단순히 매출을 올리는 것뿐 아니라 저 자신을 브랜딩해가는 과정을 체감하고 있습니다. 영상 하나하나가 세상에 저를 알리는 도구가 되었으며, 이 경험을 통해 마케팅의 중요성을 몸소 깨닫게 되었습니다.

많은 분들이 "유튜브 채널을 운영하면 직장에서 문제가 되지 않나요?"라고 묻습니다. 현재 저는 얼굴을 오픈하고 유튜브 콘텐츠를 제작하고 있지만, 정작 회사 동료들에게 알려지는 것을 걱정하지 않습니다. 왜냐하면 제 채널이 회사에서 화제가 될 정도라면 이미 크게 성장했다는 의미일 테니까요. 그 시점이라면 법인 매출도 크게 증가했을 것이고, 제 사업과 투자가 충분히 자리를 잡은 상태일 것입니다. 오히려 그때는 현 직장을 퇴사하고 제 사업에 더욱 집중해야 할 시점이 된 것이겠죠. 그래서 저는 오히려 유튜브를 통해 저를 알아보는 회사 동료들이 생길 날을 기대하며 오늘도 꾸준히 저만의 콘텐츠를 만들어가고 있습니다.

결국 법인을 운영하며 제가 가장 크게 느낀 점은 퍼스널 브랜딩 Personal Branding 의 힘입니다. 법인을 통해 저는 단순한 직장인의 역할을 넘어, 나만의 독립적인 정체성을 만들어가고 있습니다. 누구라도 직장에 소속된 한 명의 직원으로만 살아간다면 '나'라는 사람의 존재감은 미약해질 수밖에 없습니다. 아무리 회사에서 승승장구하며 임원이 된다 하더라도, 한순간의 실수로 무너질 가능성은 항상 존재합니다. 회사는 절대 개인의 실수를 용납하지 않습니다. 하지만 저는 법인을 통해 제 이름을 걸고 사업과 투자를 이어가며, 스스로를 성장시키는 독립적인 길을 만들어가고 있습니다. 특히 한창 일할 나이에 있는 40대 직장인분들은 회사에서 단물 짠물 다 빼먹고 나면 최악의 경우 나를 버릴 수도 있다는 것을 리스크로 생각하실 겁니다. 이 시기에는 똑똑한 후배들과 잘나가는 선배들 사이에서 애매한 포지션에 놓이게 됨에 따라 불안감이 커질 수밖에 없습니다. 이런 상황에서 법인을 통한 재테크는 단순한 선택이 아니라 생존 전략이 될 수 있습니다.

우리는 항상 플랜 B를 준비해야 합니다. "회사가 갑자기 문을 닫는다면 나는 어떻게 될까?"라는 질문을 스스로에게 던져야 합니다. 직장 생활을 하며 쌓아온 경험과 네트워크를 활용해 본인이 좋아하는 일로 법인을 시작해 보기를 추천드립니다. 그 과정을 통해 분명 저처럼 마케팅, 세일즈 등 새로운 영역을 공부하고 확장하는 자신의 모습을 발견하게 되실 것입니다.

현재 저는 법인 설립이라는 독특한 분야에서 직장인분들을 독려하며 '법인으로 부자가 되자'는 메시지를 전하고 있습니다. 이렇게 제 브랜딩을 확립하고, 유튜브와 연계된 SNS 활동을 통해 출판사와 연이 닿아 책을 출판하게 되었습니다. 공대생 출신인 제가 작가가 되어 여러분과 만난다는 사실이 아직도 놀랍습니다. 이러한 저의 여정을 통해 여러분도 법인 재테크를 시작하고, 자신의 새로운 가능성을 발견하길 바랍니다.

열정피엠 유튜브 채널

1인 법인은 단순히 소득 창출을 위한 도구 그 이상입니다. 법인은 새로운 기회를 열어주고, 재테크와 사업을 병행하며 개인적으로도 성장할 수 있는 강력한 플랫폼입니다. 또한 법인은 책임감을 부여하고 금융 지식과 실무 능력을 키워주며, 새로운 사업 아이디어를 현실로 구현할 수 있는 도구입니다.

이제 법인을 설립해 부자의 길로 한 걸음 더 나아갈 준비를 해보길 바랍니다. 저는 법인을 통해 얻은 경험과 배움 전부를 이 책에 담았습니다. 이 경험들이 당신에게도 도움이 되길 바라며, 한 법인의 대표로서 당신만의 가능성을 만들어갈 수 있기를 응원합니다. 법인을 설립한 후 제가 깨달은 가장 큰 교훈은, 법인은 단순한 재테크 수단이 아니라 '더 나은 미래를 설계하는 열쇠'라는 점입니다. 직장인으로서 월급과 소액 투자를 병행하며 부를 쌓는 데는 분명한 한계가 있습니다. 하지만 법인은 그 한계를 뛰어넘어 더 큰 그림을 그리고, 더 높은 목표를 실현할 수 있는 기회를 제공합니다.

다들 눈치채셨겠지만, 저는 이 책을 통해 독자 여러분께 법인 설립을 적극 '추천'하고자 합니다. 이는 단순한 이론이 아니라, 제 경험에서 우러나온 확신입니다. 법인의 가능성을 조금이라도 느끼셨다면, 이제는 여러분의 차례입니다. 도전해 보세요. 물론 저 역시 모든 목표를 다 달성한 상태는 아닙니다. 이제 막 시작 단계에서 다음 단계로 넘어가는 과정에 있습니다. 하지만 제가 경험하고 배우며 걸어가고 있는 길을 공유할 때, 독자 여러분도 더 나은 아이디어를 얻어 여러분만의 성공 스토리를 만들어 나갈 수 있을 것이라 확신합니다.

    직장인인 제가 어떤 방식으로 법인을 운영하고 있는지 궁금하시죠? 지금부터 제가 실제로 수행하고 있는 사업과 투자 방식을 하나씩 공유해 보겠습니다. 제가 법인 사업과 투자를 시작하게 된 것에 큰 동기부여를 제공해준 책이 있습니다. 바로 패트릭 맥기니스의 『나는 직장에 다니면서 12개의 사업을 시작했다 The 10% Entrepreneur: Live Your Startup Dream Without Quitting Your Day Job 』입니다.

    이 책은 직장을 유지하면서도 사업과 투자를 병행할 수 있는 현실적인 방법을 제시합니다. 저자는 자신의 시간과 자원의 약 10%를 활용해 창업과 투자, 부업에 참여하는 다양한 방식을 소개하며, 이를 통해 경제적 자율성을 키우는 전략을 얘기합니다. 무엇보다 '모든 것을 포기하고 올인해야만 성

©비즈니스북

공할 수 있다'는 통념을 뒤집으며, 안정적인 직장 수입을 유지하면서도 새로운 기회를 탐구할 수 있다는 현실적인 가능성을 열어주었습니다.

이 책은 저에게 깊은 깨달음을 주었습니다. 저는 그의 철학을 기반 삼아, 직장 생활과 병행하면서도 더 큰 기회를 탐색할 수 있는 저만의 방식을 고민했습니다. 그 결과, 법인을 설립해 이 전략을 한층 더 강화하는 방법을 찾아냈습니다. 법인은 단순히 절세와 자산 증식의 도구를 넘어, 사업과 투자를 확장하는 강력한 플랫폼입니다. 패트릭 맥기니스가 제시한 10% Entrepreneur 철학은 단순한 이론에 그치지 않습니다. 저 역시 직장 생활을 유지하며 5개의 사업과 투자를 성공적으로 시작할 수 있었던 데에는 이 철학이 큰 영향을 주었습니다.

처음 법인을 설립할 때, 저는 실질적인 목표부터 세웠습니다. 바로 최소 월 매출 30만 원을 만드는 것이었습니다. 이 금액은 법인을 운영할 때 발생하는 기본 비용(세무기장료와 구독형 공유오피스 임대료 등 대략 15만 원 내외)의 2배에 해당하는 금액으로, 그 목표를 이루기 위해 다양한 방법을 고민하고 실행에 옮기기 시작했습니다.

'시작이 반이다.'

그래서, 저는 시작해보기로 했습니다.

사업 아이디어를 떠올릴 때, 처음엔 외국의 커피머신을 판매하는 해외구매대행부터 시작해, 처가 어른들이 운영 중인 정밀 금속 공장을 활용한 금속 가공품 제작(컵, 키링 등) 같은 다양한 가능성을 고민했습니다. 하지만, 직장 생활을 유지하는 조건에서 많은 시간을 들이는 사업을 운영하는 것은 현실적으로 어려웠습니다. 그래서 자연스럽게 공수가 적고 자동화가 가능한 사업을 찾기 시작했습니다. 평소 부동산에 관심이 많았던 저는 부동산을 활용한 사업에 눈길이 갔습니다. 처음엔 1층 상가를 활용한 무인 문방구를 먼저 검토했습니다. 하지만, 높은 월세와 물품 관리, 그리고 어린 초등학생들이 주 고객층이 되는 특성상 도난, 분실, 파손 같은 문제가 발생할 가능성이 있다는 점에서 장기적으로는 적합하지 않다고 판단했습니다.

그 후 제가 다음으로 선택한 사업은 바로 공간대여 사업이었습니다. 이 결정은 제 인생이 바뀌는 계기가 되었습니다. 공간 대여 사업을 기획하며 저는 단순히 공간을 빌리는 방식이 아니라 법인의 자산으로 부동산을 매수해 직접 운영하는 방식을 선택했습니다. 이렇게 접근한 이유는 단순했습니다. 트라이얼 앤 에러 Trial and Error 의 관점에서 직접 부딪히고 경험해보고 싶었기 때문입니다.

부동산을 매수하는 과정은 저에게 많은 것을 가르쳐 주었습니다. 입지 선정, 지역 분석, 상권 수요 조사 등 부동산 매수 과정은 그 자체로 훌륭한 학습 기회였습니다. 그 과정에서 저는 투자와 사업을 연결하는 법을 깨닫게 되었고, 이렇게 매수한 부동산에서 내 사업을 직접 시작할 수 있다는 점도 큰 장점으로 다가왔습니다.

이 방식은 단순히 재테크를 넘어, 법인을 통해 부동산 자산을 축적하고 실제 사업으로 연결하며 사업 경험을 쌓을 수 있는 최고의 방법이었습니다. 실패를 두려워하지 않고 다양한 시도를 해볼 수 있었던 것도 '법인'이라는 틀이 있었기에 가능했습니다. 이렇게 저는 법인을 통해 처음으로 공간 대여 사업을 시작하게 되었고, 그 첫걸음은 지금도 저의 가장 큰 자산으로 남아 있습니다.

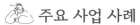

주요 사업 사례

임파워투비 공유오피스

제 사업의 첫 브랜딩 네임은 임파워투비 공유오피스입니다. 저는 이 공간을 깔끔하고 효율적으로 꾸며 생애 첫 공유오피스(소호사무실) 사업을 시작했습니다. 이 사업의 첫걸음은 경기도 양주에서 상가를 매수하는 것이었습니다. 공간을 매수한 후 구독형 공유오피스 사업을 기획 및 실행했습니다. 공간을 주 단위, 월 단위로 대여하며, 필요한 고객에게는 오피스 주소 대여 서비스를 결합해 가격 경쟁력을 확보했습니다. 이 전략은 고객들의 관심을 끌었고, 결국 월급 외의 첫 번째 소득을 창출하는 데 성공했습니다.

특히 운영 시간을 월요일부터 금요일, 오전 9시부터 오후 6시까지로 한정함으로써 합리적인 가격 경쟁력을 유지하며 관리 효율성을 극대화했습니다. 이러한 접근 방식은 초기 매출을 안정적으로 확보하는 데 결정적인 역할을 했습니다. 임파워투비 공유오피스는 제가 직접 매수한 상가에서 공간을 활용하는 것의 새로운 가능성을 확인한 프로젝트이자, 저의 사업 아이디어를 실행으로 옮겨 얻은 소중한 첫 성공 사례입니다.

단독 공간 대여

공유오피스를 운영하면서 공간 활용도를 극대화하기 위해 샵인샵 전략으로 스터디룸 및 회의실 대여 사업을 시작했습니다. 주요 고객층으로는 건물 내 학원과 중소기업을 대상으로 타겟팅했으며, 네이버

열정피엠이 주말에 무인으로 스터디룸과 회의실로 운영하고 있는 공간

플레이스를 적극 활용해 예약 및 결제를 자동화했습니다. 이를 통해 고객의 편의성을 높이고, 운영의 효율성을 크게 개선하는 것이 목표였습니다. 또한 스마트 출입문 시스템을 도입해 별도의 관리 없이도 고객이 예약 시간에 맞춰 편리하게 공간을 이용할 수 있도록 시스템을 설계했습니다. 운영 시간은 저녁/야간을 공략했고, 평일 오후 6시부터 오전 9시까지로 설정해 공유오피스의 운영시간 외에 발생하는 여유 공간을 최대한 활용할 수 있도록 했습니다.

특히, 주말에는 주간과 야간 상관없이 소모임과 동호회 수요층을 적극적으로 공략해 공간 대여를 확대했습니다. 이를 통해 주말 공간 대여를 통한 매출을 한껏 끌어올릴 수 있었으며, 기존 공유오피스 사업과 시너지를 이루는 결과를 얻었습니다.

단독 공간 대여 사업은 공간 활용의 효율성과 수익성을 동시에 추구한 성공적인 모델로 자리 잡았습니다.

🏷️ 경영 컨설팅

법인 설립과 투자를 고민하며 쌓은 경험과 지식은 경영 컨설팅을 시작하는 데 귀중한 자산이 되었습니다. 법무사님, 세무사님과 3년 이상 소통하며 얻은 실질적인 정보와 사례들을 체계적으로 정리하면서, 이를 바탕으로 법인 설립과 운영 컨설팅을 시작하게 되었습니다.

대부분의 대표님들은 법인 설립 준비의 시작점부터 막막함을 느꼈습니다. 본점 소재지 선정, 정관 작성, 설립 과정, 등기 후 필요한 절차 등 모든 과정에서 어려움을 겪는 경우가 많았고, 이러한 부분을 집중적으로 해결해 드리며, 법인 설립 전반에 걸친 경영 컨설팅을 제공하고 있습니다. 특히, SNS에 법인 관련 영상을 올린 이후, 가족법인 설립 및 운영에 관심 있는 고객들로부터 컨설팅 요청이 들어오기 시작했습니다. 컨설팅에서는 가족법인의 기본 개념, 설립 절차, 운영 노하우를 고객 맞춤형으로 공유했는데, 이 과정에서 매출을 확보하게 되었습니다.

제 컨설팅의 목표는 단순히 법인을 설립하는 데 그치지 않습니다.
- 법인에 대한 기본적인 내용을 제공해 법무사님과의 원활한 소통을 돕습니다.
- 법인 설립 이후 세무사님과의 소통에서 발생할 수 있는 지식 부족에 대한 두려움을 해소합니다.
- 세무와 법무의 주요 포인트를 쉽게 이해할 수 있도록 맞춤형 가이드를 제공합니다.
- 법인 설립 지원 네트워킹을 통해 최적의 법무사 & 세무기장료 세팅을 적극 지원하여 상담료 2배 이상의 법인 설립 초기 세팅 비용 절감을 도와드립니다.

- 신규 법인에 호의적인 은행과 좋은 유대관계를 형성하여 통장 개설 및 전반적인 은행업무 초기 세팅을 도와드리고 있습니다.

이러한 점이 고객들로부터 높은 신뢰와 만족도를 얻어 소개가 지속적으로 이어지는 구조를 만들고 있습니다. 또한, 저는 컨설팅 과정에서 다양한 법인 운영 사례를 학습하고, 고객과의 네트워크를 확장하며 성장하고 있습니다. 컨설팅은 저에게 매출 이상의 가치를 제공하는 사업이며, 동시에 고객들에게도 큰 도움을 줄 수 있는 의미 있는 활동입니다.

한편, 저는 32회 공인중개사이기도 합니다. 부동산 중개법인 개업을 하지는 않았지만, 부동산 컨설팅 회사의 제안에 따라 부동산 관련 서포트를 한 적이 있는데, 이 또한 법인의 매출로 잡았습니다.

상업용 부동산 임대사업

제가 인천 청라국제도시에서 매수한 상가는 학원가에 위치한 소형 상가입니다. 청라국제도시는 학군이 좋고 교육 수요가 많은 지역이기에, 입지적으로 학원가 상가는 안정적인 수익을 기대할 수 있는 투자처였습니다. 매수를 결정하기까지는 많은 고민과 공부가 필요했습니다. 지역의 상권 분석부터 청라국제도시의 개발 계획, 학원가 상가의 공실률 등을 면밀히 조사했습니다. 결과적으로, '위험이 적으면서도 안정적인 수익을 가져다줄 수 있는 상가'라는 확신을 가지고 이 상가를 매수하게 되었습니다.

Tip

정관 목적에 경영 컨설팅을 포함하면 좋습니다. 분명히 컨설팅으로 매출 올릴 날이 올것입니다.

열정피엠이 매수한 구분상가가 있는 건물 전경

첫 임차인(예상치 못한 상황과 새로운 기회)

처음에는 학원을 운영하던 임차인이 들어왔지만, 개인 사정으로 인해 사업을 접게 되었습니다. 일반적으로 상가에서 임차인이 나가면 공실이 발생해 손실을 걱정해야 하지만, 이 상가는 입지가 워낙 좋아 걱정보다는 기회로 받아들일 수 있었습니다.

기존 임차인은 권리금을 받고 나갔고, 저는 그 틈에 새로운 임차인을 유치하면서 월세를 올릴 수 있었습니다. 기존 월세보다 더 높은 금액으로 계약을 체결하면서 수익률이 개선되었고, 임대료 상승은 상가의 매매가 상승으로 이어졌습니다.

비주거 건물 임대사업의 매력

이 사례를 통해 비주거 건물의 단순성과 안정성을 몸소 느낄 수 있었습니다. 주택 임대와 달리, 비주거 건물은 임차인과의 마찰이나 관리에 관해 신경 쓸 일이 적습니다. 매달 한 번 월세를 수령하고 세금계산서를 발행하면 끝입니다. 이러한 단순함 덕분에 직장 생활과 병행하면서도 큰 스트레스 없이 안정적인 수익을 창출할 수 있었습니다.

투자 구조와 수익 분석

항 목	금 액
상가 금액	170,000,000원
대출 가능 금액	127,500,000원
보증금	10,000,000원
실제 대출 금액	117,500,000원
실제 투자 금액	**42,500,000원**
기타 비용	**9,803,000원**
– 취득세	7,820,000원
– 공인중개사수수료	1,683,000원
– 법무사비	300,000원
실제 총 투자 비용	**52,303,000원**

열정피엠이 매수한 상가의 구체적인
투자 구조를 정리한 내용이다 개

상가는 매매가의 75%를 대출할 수 있었는데, 임차 보증금을 대출금에서 차감해 최종 대출 실행금액은 1억 1,750만 원이었습니다. 취득세와 기타 부대비용 약 1,000만 원을 포함해 약 5천만 원의 실 투자금으로 시작할 수 있었습니다.

월세 수익 90만 원 중 월 평균 40만 원은 대출 이자(변동 금리)로 지출되어 50만 원의 순수익을 얻을 수 있었습니다. 상가 가치 상승까지 감안하면 더 높은 수익을 기대할 수 있는 구조입니다.

🏛 비주거 건물 임대사업의 장점

- 운영의 단순성: 임대료와 세금계산서만 처리하면 되는 단순한 관리 방식으로 직장 생활과 병행하기에 적합합니다.
- 입지의 안정성: 학원가와 같은 교육 수요 지역은 공실 위험이 낮아 안정적인 현금흐름을 제공합니다.
- 수익 구조의 개선 가능성: 임차인 변경 시 월세를 조정하며 수익률을 개선할 수 있는 유연성이 있습니다.

🏛 사례를 통해 얻은 교훈

- 입지의 중요성: 청라국제도시 학원가처럼 안정적인 수요를 가진 지역에 투자하면 공실과 같은 리스크를 최소화할 수 있습니다.
- 위기를 기회로 전환: 임차인의 퇴거는 손실로 이어질 수 있지만, 새로운 임차인을 유치하며 수익 구조를 개선할 수 있었습니다.
- 대출 활용의 중요성: 자금 여력이 부족한 상황에서도 대출과 보증금을 효과적으로 활용해 높은 수익률을 달성할 수 있었습니다.

🏛 다음 도전으로의 연결

이 경험을 통해 비주거 건물 임대사업의 매력을 확인하였고, 향후 유사한 구조로 추가 투자를 고려하고 있습니다. 안정적인 현금흐름을 확보하면서도 관리가 간편한 비주거 건물은 투자 초기 단계에서 가장 매력적인 자산 클래스 중 하나라는 점을 확실히 느꼈습니다. 특히, 상업용 부동산은 경매·공매로의 접근으로도 굉장히 좋은 수익 구조를 가질 수 있습니다. 따라서 법인으로 경매와 공매를 공부하고 투자하며 임대 사업에 계속 도전해 보고 싶습니다.

🧑 가족법인을 활용한 미국 주식 투자

🏛 주식 투자(간접 사업의 시작)

주식 투자는 단순히 돈을 불리는 수단이 아닙니다. 제가 생각하는 주식 투자의 가장 큰 매력은 바로 간접적으로 사업에 참여하는 점입니다. 유망한 기업의 주식을 산다는 것은, 그 기업의 성장에 동참하고 간접적으로 경영에 참여하는 것과 같기 때문입니다. 특히 가족법인을 통해 주식 투자를 시작하면, 개인의 차원을 넘어 가족 구성원 모두에게 영향을 미칠 수 있습니다.

🏛 아이들과 함께하는 주식 투자

제가 가족법인을 통해 미국 주식 투자를 시작했을 때, 예상치 못한 긍정적인 변화가 있었습니다. 바로 아이들이 적극적으로 참여하기 시작했다는 점입니다. 가족법인을 설립하면서 아이들도 주주로 참여하게 되었는데, 이를 계기로 아이들은 자신들이 주주라는 사실에 대한 책임감을 느끼기 시작했습니다. '우리 회사의 자산을 어떻게 불릴까?'라는 고민을 하기 시작했고, 이는 자연스럽게 주식 투자와 경제 공부로 이어졌습니다.

제 첫째 딸은 애플 주식에 관심을 가지기 시작했는데요. "아빠, 애플이 왜 주식시장에서 항상 좋은 평가를 받는지 알아볼래요!"라고 말하며 애플에 대해 공부하고 신제품 출시 계획까지 조사하기 시작했습니다. 둘째는 크록스 주식을 사고 싶어 하면서 "왜 사람들이 크록스를 좋아할까요?"라는 질문을 던졌습니다. 그 후 실제 매장에 가보자고 졸라 실제로 매장을 방문하여 제품과 소비자 반응을 관찰하기도 했습니다.

이 과정은 단순한 투자를 넘어 실질적인 경제 교육이 되었습니다. 아이들이 스스로 공부하고 분석하며 투자 결정을 내리는 모습을 보며, 법인을 통한 주식 투자야말로 가족 모두가 성장할 수 있는 기회라는 것을 깨달았습니다.

법인을 통한 미국 주식 투자 (세금과 책임감)

법인을 통해 주식 투자를 하는 것의 가장 큰 장점은 세금 효율성입니다. 개인이 미국 주식을 투자하면 양도차익에 대해 약 22%의 세금을 부담해야 하지만, 법인으로 투자하면 소득금액이 2억을 넘지 않는다면 약 9.9%의 세율만이 적용됩니다. 이는 장기적으로 자산을 증식하는 데 있어 중요한 차이를 만듭니다. 하지만 무엇보다도 중요한 것은 책임감과 장기적인 관점입니다. 법인을 통해 투자를 하다 보면, 단기적인 주가 변동에 흔들리기보다 기업의 장기적인 성장 가능성을 평가하고 투자 결정을 내리는 습관이 생깁니다.

🏛 투자 경험을 통해 얻은 교훈

- 경제 교육의 기회: 주식 투자는 아이들에게 경제와 기업에 대한 이해를 높일 수 있는 훌륭한 교육 도구입니다. 가족법인이라는 구조를 활용하면 아이들이 더 큰 책임감을 가지고 투자에 참여할 수 있습니다.
- 장기적인 성장 관점: 법인은 단기적인 차익보다는 기업의 장기적인 성장 가능성에 초점을 맞추는 투자를 가능하게 합니다.
- 가족과 함께하는 투자 문화: 주식 투자는 가족 구성원 모두가 참여하며 의견을 나누는 시간이 될 수 있습니다. 매주 주주 회의를 열고, 각자 관심 있는 기업에 대해 발표하며 서로의 의견을 공유하는 시간이 가족 구성원들에게 중요한 의미로 다가오기 시작했습니다.

미국 주식 투자를 시작으로, 가족법인을 활용해 유망한 기업의 플랜과 사업 전망을 공부하고 되도록이면 우량주를 차곡차곡 쌓아 나가려고 합니다. 가족법인을 통한 투자 경험은 단순히 자산 증식의 수단이 아니라, 가족 모두가 함께 성장하고 배우며 더 큰 목표를 향해 나아가는 여정이라고 생각합니다.

가족법인은
급여, 복리후생비, 감가상각비 등
다양한 항목을 비용으로 처리하여
과세표준을 낮출 수 있다 냥

회사 몰래 1인 법인 설립해볼까?

겸업금지 조항

정확히는 무엇을 의미할까?

겸업금지?
떳떳하게 설립해도 된다

    많은 직장인이 회사 생활을 하면서 법인을 설립하거나 부업을 시작하는 데 있어 망설이는 가장 큰 이유 중 하나! 바로 '겸업금지 조항'입니다. 회사에는 다양한 사내규정이 존재하며, 그중 겸업금지 조항은 흔히 접할 수 있는 규정입니다. 저 역시 제가 몸담고 있는 회사에 겸업금지 조항이 있다는 이야기를 들은 적이 있습니다. 하지만 실제로 이 조항이 어떤 내용을 담고 있는지, 얼마나 강력히 적용되는지는 대부분의 직장인이 잘 알지 못합니다.

겸업금지 조항, 정확히는 무엇을 의미할까?

    겸업금지 조항은 보통 회사의 영업 비밀이나 내부 기밀이 외부로 유출되지 않도록 보호하고, 회사와 직접적으로 이해관계가 상충되는 활동을 막기 위한 목적으로 존재합니다. 다시 말해, 회사의 이익을 해칠 가능성이 있는 부업이나 개인 활동을 제한하려는 것입니다. 하지만 많은 직장인은 이 조항을 '회사 밖에서 어떤 추가적인 일을 해서는 안 된다'는 의미로 오해합니다. 이런 오해 때문에, 사내 규정을 정확히 확인하거나 법적인 근거를 따져보기 전에 새로운 도전을 포기하는 경우가 많습니다.

떳떳하게 법인을 설립할 수 있는 이유

1. 회사와 이해관계가 없는 사업은 문제가 되지 않는다

대부분의 겸업금지 조항은 회사의 사업과 직접적인 경쟁을 제한할 뿐, 완전히 무관한 분야의 법인 설립이나 활동까지 금지하지는 않습니다. 예를 들어, 회사가 IT 소프트웨어를 개발하는 기업이라면, 해외구매대행업이나 아웃소싱을 통한 스마트스토어 운영 등은 회사의 이익과 상충되지 않으므로 겸업금지 조항에 저촉될 가능성이 낮습니다.

2. 직장인은 개인의 자유를 보장받는다

헌법상 보장된 직업 선택의 자유와 사생활의 자유는 직장인도 동일하게 누려야 할 권리입니다. 회사는 사내에서의 업무와 직접적인 연관이 없는 개인의 법인 설립이나 사업 활동을 제한할 수 있는 권리가 없습니다.

3. 명확한 경계 설정이 중요하다

회사와의 충돌을 피하기 위해, 법인을 설립하거나 부업을 시작할 때는 회사와의 이해관계를 명확히 구분해야 합니다. 회사 업무 시간에 사업과 관련된 활동을 하지 않고, 회사의 자산이나 네트워크를 사용하지 않는 것이 기본입니다. 또한, 회사와 관련된 정보를 활용하는 경우에는 반드시 회사의 동의를 받아야 합니다.

'겸업금지'는 오히려 나를 성장시켰다

흥미롭게도 이런 사내 규정은 오히려 저를 더욱 신중하고 체계적으로 움직이게 만들었습니다. 회사와의 경계를 철저히 지키며, 모든 사업을 정직하고 투명하게 운영하게 되었죠. 법인을 운영하며 회사의 규정을 준수하는 동시에, 가족법인을 활용해 장기적인 자산을 쌓아가는 시스템을 구축했습니다.

새로운 도전을 망설이는 이들에게

겸업금지 조항은 생각보다 그리 엄격하지 않습니다. 회사와의 이해관계를 지키는 선에서는 얼마든지 합법적으로 사업을 시작할 수 있다는 사실을 잊지 마시기 바랍니다. 회사의 규정을 꼼꼼히 살펴보되 중요한 것은 회사의 틀 안에 갇히지 않고, 자신의 가능성을 믿고 한 걸음 내딛는 것입니다.

(열정피엠 경험) 회사 규정과 법인 설립

저 역시 법인을 설립하기 전, 회사의 규정을 꼼꼼히 살펴보았습니다. 겸업금지 조항이 있다는 이야기를 듣고 고민했지만, 실제로 규정을 확인해 보니 '**회사의 사업과 직접적으로 이해관계가 상충되지 않는 경우**'에는 **문제가 되지 않는다는 점**을 알게 되었습니다. 그래서 저는 공유오피스 사업과 상업용 부동산 임대업을 시작했으며, 이를 통해 **회사와 충돌 없이 안정적으로 사업**을 운영할 수 있었습니다.

'나만의 시스템을 만들어 경제적 자유를 향해 나아가 보길 강력히 추천합니다.' 그래도 걱정이 된다고요? 다음 내용을 잘 읽어보면 안심할 수 있을 겁니다.

🏛️ 회사에서 내 법인 설립을 정말 알 수 있을까?

많은 직장인이 법인을 설립하려는 순간 '회사에서 알게 되면 어떡하지?'라는 생각을 가장 먼저 떠올립니다. 하지만 실제로 회사가 개인의 법인 설립 사실을 알 수 있는 가능성은 매우 제한적입니다. 그 이유를 하나씩 짚어보겠습니다.

1) 개인 정보 보호법에 따라 회사는 개인 정보를 조회할 수 없다

회사는 직원의 사생활을 보호해야 할 의무가 있습니다. 개인이 법인을 설립한 사실은 상법에 따라 등기소에 기록되지만, 이를 회사가 조회하려면 합법적인 사유와 법적 근거가 필요합니다. 즉 회사가 직원의 법인 설립 여부를 임의로 확인하거나 조회할 권리는 없습니다.

2) 사업자 등록과 회사는 무관하다

개인이 사업자 등록을 하고 법인을 설립한다고 해서 회사에 통보되거나 기록이 전달되지 않습니다. 사업자 등록은 국세청과 관련된 절차로 진행되며, 회사의 인사팀이나 다른 부서에 자동으로 공유되지 않습니다.

3) 무보수로 설정하면 4대 보험에 변동이 없다

법인의 대표 보수를 무보수로 설정하면, 별도의 급여가 발생하지 않기 때문에 건강보험료나 국민연금 등 4대 보험에 변동 사항이 없습니다. 회사에서는 직원의 4대 보험료를 기준으로 신고하기 때문에 법인 설립 사실을 알 수 있는 여지가 없습니다.

4) 건강보험료 산출은 근로 소득 기준으로 이루어진다

법인의 수익이 발생하더라도 법인 대표 보수가 무보수라면, 건강보험 지역가입자로 전환되지 않습니다. 즉 건강보험료는 회사에서 받는 근로소득만을 기준으로 하여 산출되기에, 기존 직장 가입자로서의 보험 체계에는 변동이 없습니다.

이 모든 점을 종합해 보면, 회사가 개인의 법인 설립 사실을 알게 될 가능성은 매우 낮습니다. 게다가 법인을 설립하는 것은 합법적인 행위이며, 직장과의 이해관계 충돌만 피하면 떳떳하게 운영할 수 있습니다.

　　　　　　　　　　　　　　　　　❛❛

지금이 아니라면 언제 시작할까요?

　　　　　　　　　　　　　　　　　❜❜

회사의 눈치를 보기보다 나만의 시스템을 구축하고 더 큰 가능성을 위해 고민하는 것이 좋습니다. 법인 설립은 거창한 첫발이 아닙니다. 그냥 한 명의 친구를 만든다고 생각하세요. 실행에 옮기지 않을 이유가 없습니다. 자, 이쯤 되면 법인 설립 실행에 대한 동기부여는 충분히 되었다고 생각합니다.

다음으로는 법인 설립에 대한 전체 흐름을 말씀드리겠습니다.

법인 설립의 전체 흐름

1. 법인 개념 잡기

- 법인의 필요성과 의미를 이해하기

  법인은 단순한 사업 도구가 아니라, 자산 관리와 세금 최적화를 가능하게 하는 강력한 도구입니다.

- 발기인 구성

  법인 설립을 주도하는 발기인*을 결정합니다. 본인으로 결정하시면 됩니다.

- 법인명과 본점소재지 결정

  법인명은 사업의 아이덴티티를 나타냅니다. 지역 선택은 특히 세금 혜택을 고려하여 결정합니다.

- 자본금 설정

  자본금은 사업의 초기 신뢰도를 높이고 투자 가능성을 보여줍니다. 일반적으로 1천만 원으로 시작하는 경우가 많습니다.

2. 설립등기

- 셀프 등기 또는 법무사 의뢰

  등기는 스스로 할 수도 있지만, 시간 절약을 위해 법무사에게 의뢰하는 것도 좋은 선택지입니다.

＊ 발기인은 법인을 설립하기 위해 설립 과정을 주도하고 필요한 절차를 수행하는 사람 또는 단체를 의미합니다. 발기인은 회사 설립을 위한 정관 작성, 자본금 모집, 설립 등기 등의 과정을 주도하며, 설립 후 주주로서의 권리와 의무를 가집니다.

- 사업 목적 및 업종 등록

  사업 목적은 현재와 미래의 모든 가능성을 고려해 포괄적으로 작성하면 좋습니다.

- 주주 및 감사 선정

  1인 법인이라고 해도 별도의 감사가 반드시 필요합니다.

3. 사업자등록

- 법인등기 완료 후 사업자등록 신청

  사업자등록은 법인 설립의 마지막 단계 중 하나입니다. 세무서 방문 또는 온라인 신청을 통해 진행할 수 있습니다.

- 필수 서류 준비

  임대차계약서, 법인등기부등본 등 필수 서류를 준비하면 됩니다.

4. 은행 방문 및 계좌 개설

- 법인 전용 통장 개설 및 공인인증서 발급

  법인 통장은 사업 자금을 관리하는 데 필수적입니다.

- 법인카드 발급(체크카드, 교통하이패스카드 등)

  법인카드는 경비 처리와 세무관리를 효율화하는 데 큰 도움을 줍니다. 이 흐름을 통해 법인 설립 과정의 큰 그림을 잡고, 각 단계를 체계적으로 준비하면 됩니다. 법인 설립은 한 번에 완벽하게 하기보다는, 하나씩 차근차근 실행해 나가는 과정입니다.

  이제 법인 설립 각 단계에서 주의해야 할 점과 팁들을 세부적으로 다뤄보겠습니다.

🗣️ 법인명? 특별하게 짓자

법인명은 단순히 사업체의 이름을 넘어, 여러분의 사업과 브랜드를 대표하는 강력한 상징입니다. 이는 여러분의 비전과 가치를 압축적으로 보여주는 얼굴이자 나아가 고객과 투자자가 가장 먼저 마주하게 될 첫인상이기도 합니다.

다시 말해, 법인명을 짓는 과정은 나를 대신해 줄 친구, 평생 함께할 절친 혹은 나의 꿈을 담은 자식의 이름을 짓는 것과 같은 신중함이 필요합니다. 그러면 법인명은 어떻게 짓는 것이 좋을까요? 맞습니다. 단순히 기억하기 쉬운 이름을 넘어, 사업의 정체성을 담고 듣는 사람의 관심을 끌며 의미 있는 메시지를 전달할 수 있는 멋지고 각별한 이름을 선택해야 합니다.

법인명은 첫인상입니다. 이는 여러분이 펼치는 사업, 전하려는 가치를 처음으로 나타내는 요소입니다. 사람도 첫인상이 중요하듯, 법인명도 사업의 성패를 좌우할 수 있을 만큼 중요합니다.

미국의 애플 Apple 은 심플하면서도 세련된 이름으로 전 세계에 브랜드를 알렸습니다. 구글 Google 은 독창적이고 신비로운 느낌을 주는 이름으로 많은 이들의 머릿속에 각인되어 있습니다. 우리나라를 대표하는 삼성 Samsung 은 짧고 강렬하면서도 믿음을 주는 이름입니다. 짧고 간결하면서도 강렬한 법인명은 사업의 첫걸음부터 강력한 인상을 심어줄 수 있습니다.

제가 즐겨보는 한 채널을 운영하는 유튜버는 본인의 1인 법인 이름을 '주식회사 이상하다'라고 지었습니다. 독특한 이름 덕분에 단번에 사람들의 눈길을 사로잡았는데요. 이상함을 특별함으로 승화시킨 훌륭한 사례입니다.

법인명 정할 때 주의할 점

법인명을 정할 때는 단순히 의미와 첫인상만을 고려할 것이 아니라, 실무적인 주의사항도 중요합니다. 아래는 법인명을 정하기 전 반드시 알아두어야 할 몇 가지 핵심 규칙입니다.

1. 한글 회사명은 영어와 섞을 수 없으며 띄어쓰기가 불가합니다.

특수기호는 사용할 수 없지만 숫자는 허용됩니다. 사업 아이템의 독창성을 강조하고 싶다면 숫자를 활용하는 것도 좋은 방법입니다.

2. 영문 상호는 선택 사항입니다.

법인 설립 시 한글 상호는 필수입니다. 다만, 영문 상호를 추가하면 해외 거래나 외국 고객과의 비즈니스에서 신뢰를 줄 수 있습니다. 처음부터 영문 상호를 포함하면 나중에 추가로 변경등기를 해야 하는 번거로움을 줄일 수 있습니다.

3. 법인명은 관할 지역 내 중복이 불가합니다.

또 하나의 중요한 사항이 있습니다. 법인명은 같은 관할 지역 내에서 중복될 수 없습니다. 이는 법인이 법적으로 독립된 존재로서 고유성을 유지하기 위해 꼭 필요한 규정입니다.

법인명 중복 여부 확인하는 방법

　　인터넷등기소를 이용하면 관할 법원 등기국 내에서 동일한 이름이 존재하는지 쉽게 검색할 수 있습니다. 예를 들어, 경기도 남양주시라면 의정부지방법원 등기국에서 확인해야 합니다. 검색 결과 동일한 이름이 없다면 안심하고 진행할 수 있지만, 중복된다면 다른 이름을 선택해야 합니다.

1. 인터넷등기소 활용하기

　　가장 간단한 방법은 인터넷등기소를 이용하는 것입니다. 인터넷등기소는 관할 법원 등기국 내에서 동일한 이름이 등록되어 있는지 검색할 수 있는 공식 시스템입니다.

검색 절차

　①　인터넷등기소(https://www.iros.go.kr) 홈페이지에 접속합니다.
　②　홈페이지 가운데 검색창에서 법인을 클릭후 원하는 법인명을 검색합니다.
　③　검색 결과에 동일한 법인명이 없다면, 해당 이름을 사용할 수 있습니다.

인터넷등기소에서 홈페이지

2. 등기소 직접 방문하기

인터넷 검색이 어렵다면, 관할 법원의 등기소를 직접 방문하여 상호 중복 여부를 확인할 수도 있습니다. 이 경우, 법인명을 포함한 몇 가지 정보를 준비해 가면 빠르게 확인이 가능합니다.

 (열정피엠 사례) 주식회사 더프로페셔널

제가 설립한 첫 법인의 이름은 "주식회사 더프로페셔널"입니다. 이 이름에는 제가 하고자 하는 사업에서 최고의 전문가가 되고 싶다는 마음이 담겨 있습니다. 지금도 이 이름은 단순한 법인명을 넘어, 저의 친구이자 동료처럼 느껴질 정도이니, 무척 특별한 애정을 가지고 있다고 볼 수 있겠습니다. 그러나, **법인명을 사용하면서 한 가지 아쉬운 점**을 발견했습니다. 인터넷뱅킹이나 전산 시스템에서 회사명이 너무 길어 일부가 잘리는 것이었습니다.

예를 들어, '주식회사 더프로페'까지만 표시되고 '셔널'이 잘리는 경우가 있었습니다. 이런 경험을 통해 법인명을 정할 때는 이름의 길이와 실질적인 사용성을 고려하는 것이 중요하다는 것을 깨달았습니다.

🏯 유의점(법인명 작성 시 디테일을 놓치지 마세요!)

법인명을 지을 때 다음과 같은 디테일도 반드시 고려하시길 추천 드립니다.

1) '주식회사' 위치 변경
- '주식회사'를 이름의 앞이 아닌 뒤로 배치하는 것도 하나의 방법입니다.

  #example : '더프로페셔널 주식회사'

이렇게 하면 길이가 긴 법인명도 전산 시스템에서 깔끔하게 표시될 수 있습니다.

2) 짧고 간결하게
- 기억에 남고 직관적인 이름은 브랜딩에도 유리합니다.

  # example : '더프로' 또는 '프로스'처럼 간단한 변형을 고려해보세요.

3) 발음과 가독성 확인
- 발음이 어렵거나, 타 언어로 부정적인 의미를 가질 수 있는 이름은 피해야 합니다.
- 국제 비즈니스를 고려한다면 영문 이름도 함께 점검하세요.

🏛 법인명은 사업의 첫 단추입니다

법인명은 단순히 사업체의 이름이 아니라, 사업의 방향성과 브랜드 가치를 담은 상징입니다. 열정과 전문성을 담은 멋진 이름을 고민해 보세요.

🏛 결론(법인명 정할 때의 체크리스트)

① 회사명이 긴 경우, 전산 시스템에서의 가독성 점검하기
② '주식회사' 위치를 유연하게 변경해 보기
③ 짧고 기억하기 쉬운 이름 사용하기
④ 국내와 해외 비즈니스를 고려한 발음과 의미 확인하기

본점 소재지 정하기

법인명을 정했다면, 다음으로 고민해야 할 부분은 바로 본점 소재지입니다.

특히 직장인으로서 법인을 운영하려면 전업 사업가처럼 독립된 상주 오피스를 마련하기 어렵고, 높은 임대료와 고정비 부담도 현실적인 장벽이 됩니다. 하지만 이런 문제를 해결할 수 있는 효율적인 방법이 있습니다. 바로 구독형 공유오피스를 활용하는 것입니다.

법인의 본점 소재지는 단순히 사업의 주소로 끝나는 것이 아닙니다. 이는 사업 운영, 비용, 세제 혜택, 대출 심사 등 다양한 요소에 영향을 미칩니다. 특히 과밀억제권역과 비과밀억제권역 중 어느 곳에 본점을 두느냐에 따라 법인의 혜택과 운영 방식이 크게 달라질 수 있습니다.

과밀억제권역과 비과밀억제권역의 정의

과밀억제권역

1) 정의

- 수도권 내에서 인구와 산업의 과도한 집중을 억제하기 위해 지정된 지역. 주로 서울 및 주요 위성도시들이 포함되며, 지역 개발과 신축, 산업시설 설립 등에 엄격한 규제가 적용됩니다.

2) 목적

- 수도권 인구와 산업의 과도한 집중 방지
- 지역 간 균형 발전 도모

3) 대표 지역

- 서울특별시 전역
- 경기도 일부 : 성남시, 과천시, 고양시, 안양시, 부천시, 의정부시 등
- 인천광역시 일부: 계양구, 부평구, 남동구 등

비과밀억제권역

1) 정의

- 수도권 외곽이나 기타 지역으로, 과도한 인구와 산업 집중 문제가 상대적으로 적은 지역. 이들 지역은 규제가 덜하며 개발과 투자에 유리한 환경이 조성됩니다.

2) 목적

- 지역 활성화와 경제 성장 촉진

・인구와 산업의 분산 유도

3) 대표 지역

　　　・경기도 북부: 양주시, 동두천시, 연천군, 남양주시 일부 등

　　　・경기도 남부 및 외곽: 평택시, 이천시, 여주시 등

　　　・인천광역시 외곽: 강화군 등

　　본점 소재지 선택은 법인을 설립하는 초기 비용에서 차이가 납니다. 예를 들어 자본금 1천만원을 가지고 법인을 설립한다고 가정해 봅시다. 과밀억제권역과 비과밀억제권역에서 설립할 경우 꽤 큰 비용 차이가 있습니다.

구분	과밀억제권역	비과밀억제권역
등록면허세	1,000만원 × 1.2%=120,000원	1,000만원 × 0.4%=40,000원
지방교육세	등록면허세 × 20% = 24,000원	등록면허세 × 20% = 8,000원
총합계	144,000원	48,000원

　　과밀억제권역에서는 등록면허세와 지방교육세가 3배 중과되어 비과밀억제권역에 비해 세금이 3배 높습니다. 그리고 과밀억제권역 내에서 법인 명의로 부동산을 취득할 경우, 일반 취득세율(4.6%)보다 2배에 달하는 중과세율이 적용됩니다. 이는 과밀억제권역의 법인 부동산 취득에 추가적인 세금 부담이 발생함을 의미합니다.

　　저는 이러한 점을 고려하여 비과밀억제권역에 있는 공유오피스를 본점 소재지로 선택했습니다. 이는 초기 설립 비용을 절감하고 실질적인 세제 혜택을 누릴 수 있는 전략적인 방법이었습니다. 하지만, 다음과 같은 상황도 고려할 수 있습니다. 예를 들어, 당분간 미국 주식으로

자산을 늘릴 계획이라면, 부동산 투자 계획이 없는 5년 동안은 과밀억제권역에 본점을 두어도 문제가 없습니다. 자본금을 1천만 원으로 세팅을 한다면, 등록면허세와 지방교육세도 최소한으로 가능하고, 과밀억제권역의 취득세 중과가 부동산 취득 시에만 적용되며, 그 기간이 최대 5년으로 한정되기 때문입니다.

따라서, 법인을 설립할 때 초기 5년간은 사업 확장이나 미국 주식 투자로 자산을 불리고, 이후 부동산 투자를 계획한다면, 서울과 같은 과밀억제권역에 본점을 두는 것도 충분히 고려할 만한 선택이 될 수 있습니다.

🏛 구독형 공유오피스의 장점

1) 비용 효율성
- 일반 상주 오피스에 비해 고정비 부담이 적고 초기 비용이 낮아 법인 설립 초기에 적합합니다.
- 필요할 때 일정 시간만 사용할 수 있는 시스템이라 비용 대비 효율이 매우 높습니다.

2) 주소 제공 및 계약
- 공유오피스와 임대차계약서를 체결해 본점 소재지로 활용할 수 있습니다.
- 이는 합법적인 절차로, 정식 임대차계약서를 작성하면 법인 설립 및 사업자 등록에 아무런 문제가 없습니다.

Tip

구독형 공유오피스는 단순히 주소를 빌려주는 공간이 아닙니다. 이는 직장인 법인 설립자에게 효율성과 유연성을 제공하는 공간입니다.

3) 유연한 활용
- 직장인으로서 주중에는 회사 업무에 집중하고, 평일 연차 등을 활용해 공유오피스를 방문해 법인 업무를 처리할 수 있습니다.
- 이 공간에서 세무, 회계, 투자 공부 등 다양한 활동을 병행할 수 있습니다.

4) 네트워킹 기회
- 같은 공간을 이용하는 다양한 창업자와 교류하며 협업의 기회를 얻을 수 있습니다.
- 공유오피스 대표가 다양한 이벤트를 기획하는 것을 통해 사업 아이디어를 얻을 수 있습니다.

 비과밀억제권역에서 법인을 시작하는 장점을 다시 한번 정리

1) 효율적인 비용 관리
- 초기 설립 비용을 최소화하고, 운영 비용을 절감할 수 있습니다.

(열정피엠 사례) 비과밀억제권역에서 시작한 법인

제가 운영하는 법인 주식회사 더프로페셔널의 **본점 소재지는** 경기도 남양주(**비과밀억제권역**)의 **구독형 공유오피스**로 정했습니다. 이 선택은 여러모로 현명한 결정이었습니다. 회사에서 연차를 낼 수 있는 날에는 가급적 공유오피스에 방문하고 있는데, 이곳에서 법인 재테크 공부를 하고, 전략적인 의사 결정을 위한 준비를 하며 시간을 보냅니다.

2) 세제 혜택 활용

- 비과밀억제권역의 특성을 활용해 취득세 감면 혜택을 누릴 수 있습니다.

3) 사업 확장성

안정적인 본점을 기반으로 추가적인 사업 기회를 모색할 수 있습니다. 앞서 언급했듯, 본점 소재지는 단순히 주소 이상의 의미를 가집니다. 사업 초기 단계에서 비용 효율성을 고려하여 법적 안정성을 갖춘 구독형 공유오피스를 활용하면 훨씬 유리한 조건으로 시작할 수 있습니다.

●●

효율적이고 전략적인 선택이 법인의 성공을 좌우합니다.
여러분의 본점 소재지 선택도
이러한 전략적 사고로 접근하시면 좋을 것 같습니다.

●●

 (열정피엠) 임파워투비 가족 혜택

제가 운영하는 임파워투비 공유오피스에서도 가족법인의 기반을 다질 본점 소재지 주소 제공과 구독형 오피스 계약이 가능합니다. 임파워투비 가족이 되시면 다양한 혜택이 주어집니다. 가족법인을 실행하실 독자님께서는 우측 카카오 채널 상담으로 문의하시기를 바랍니다.

법인을 설립하면서 가장 먼저 결정해야 하는 것 중 하나가 바로 자본금입니다. 자본금은 법인이 사업을 시작하기 위해 조달한 초기 자본을 의미합니다. 다시 말해, 법인의 출발점이 되는 기본 자산이라고 할 수 있습니다.

간혹 자본금이 많아야 안정적인 법인을 운영할 수 있다고 생각하는 경우가 많습니다. 하지만, 자본금은 사업의 종류와 목표에 따라 다르게 설정할 수 있습니다. 특히 초기에는 효율적이고 현실적인 규모로 시작하는 것이 중요합니다.

열정피엠이 추천하는 자본금(1천만 원)

제가 추천하는 자본금은 1천만 원입니다. 이유는 간단합니다.

1) 현실적인 자금 조달

직장인이 초기 자본을 조달하기에 적합한 금액입니다.

2) 법인 설립 비용 최소화

자본금이 1억 원 이상이면 납입 자본금에 대해 공증 절차가 필요하지만, 1천만 원 수준에서는 간소화된 절차로도 충분히 설립이 가능합니다.

3) 운영의 유연성

자본금이 너무 크면 초기 부담이 커지고, 반대로 너무 적으면 신뢰도가 낮아질 수 있습니다. 1천만 원은 이런 두 가지 문제를 모두 해결할 수 있는 적절한 금액입니다.

제가 설정한 기준은 다음과 같습니다.

① 1주당 1천 원 : 주식의 단가를 설정합니다.
② 발행 총수 1만 주 : 총 발행 주식 수를 설정합니다.

이렇게 설정해두면 주식 지분 분배와 증여 전략이 매우 유리해집니다.

예를 들어, 자본금 1천만 원 기준으로 1주당 1천 원, 1만 주를 발행하면 배우자와 자녀에게 주식을 나눠주는 것도 쉽고 효율적입니다. 자본금과 관련해 많이 받는 질문이 있습니다. 바로, 자본금을 운영 중 변경할 수 있는지에 대한 것이었습니다.

답은 '가능하다'입니다. 크게 2가지 경우로 나누어 살펴봅시다.

📇 증자

사업 확장이나 자금 조달이 필요할 때 자본금을 늘리는 방법입니다. 대표적으로 새로운 주식을 발행하거나 기존 주주로부터 추가 출자를 받을 수 있습니다.

📇 감자

반대로, 자본금을 줄이는 것도 가능합니다. 주로 적자를 메우거나 불필요한 자본을 조정하기 위해 사용하는 방법입니다. 하지만, 자본금 변경은 주주총회 결의와 등기 변경 절차가 필요하므로 신중하게 계획해야 합니다. 그리고, 등기 변경에 따른 추가 수수료가 발생하므로 가급적 자본금은 변경하지 않는 것이 좋습니다.

법인 자본금은 단순히 초기 운영 자금 이상의 의미를 가집니다. 투자자와 거래처의 신뢰도를 높이고, 사업 확장에 발판을 마련할 수 있는 중요한 요소입니다. 자본금은 단순히 금액의 크기가 아니라 어떻게 활용하느냐가 더 중요합니다.

1천만 원으로 시작해도, 명확한 계획과 실행력이 뒷받침된다면 누구나 성공적으로 법인을 운영할 수 있습니다.

 (열정피엠 사례) 1천만 원으로 시작한 법인

저 역시 **자본금 1천만 원**으로 **법인을 설립**했습니다. 1주당 1천 원, 발행 총수 1만 주로 설정해 **배우자와 자녀들에게 증여**를 통해 법인의 기틀을 마련했습니다.

법인의 설계도
- 정관 -

　　지금부터는 법인 설립에 필요한 서류와 가장 중요한 문서인 정관에 대해 다뤄보겠습니다. 법인 설립에는 몇 가지 필수 서류가 필요합니다. 처음에는 막연하고 복잡하게 느껴질 수 있지만, 하나씩 준비하다 보면 그리 어렵지 않습니다. 그리고 수수료를 지불해 전문가인 법무사님을 레버리지 하면 모든 서류를 대행으로 준비할 수 있습니다.

1. 정관
 • 법인의 설계도와 같은 역할로, 사업 목적과 구조를 명확히 규정합니다.

2. 발기인 및 이사회 의사록
 • 법인을 설립하기 위해 모인 발기인들이 결정한 내용을 기록한 서류입니다.

3. 주식 배정 및 자본금 납입 증명서

- 자본금을 납입하고 주식을 발행한 사실을 증명하는 문서입니다.

4. 임대차계약서

- 법인의 본점 소재지를 증명하는 데 필요합니다. 구독형 공유오피스를 활용할 경우에도 임대차계약서 작성이 가능합니다.

5. 주주명부

- 법인의 주주 구성과 각 주주의 지분율을 기록한 문서입니다.

6. 인감증명서 및 주민등록등본

- 발기인의 신분을 확인하기 위한 기본 서류입니다.

이 서류들은 법인의 설립 과정을 원활히 진행하기 위한 필수적으로 필요한 기본 서류입니다.

●●

이 중에서도 가장 중요한 서류는 바로 정관입니다.
법인의 설계도 역할을 하며, 사업의 방향성과 구조를 규정짓는
핵심 문서이기 때문입니다. 이번 장에서는 정관 작성의 중요성과
구체적인 방법에 대해 이야기하겠습니다.

●●

정관(법인의 설계도)

정관은 법인의 헌법과도 같은 문서로, 사업의 방향성과 운영 방식을 명확히 규정합니다. 정관을 통해 법인의 기본 틀이 결정되는데, 이는 법적 근거로 활용되기도 합니다. 정관에는 일반적으로 다음과 같은 내용이 포함됩니다.

정관의 기본 구성 요소

1. 법인의 명칭

- 법인명을 명시하며, 법인의 정체성을 나타냅니다.

2. 목적

- 법인이 수행할 사업의 범위와 내용을 규정합니다.
- 가장 중요한 항목으로, 사업 확장성과 법적 문제를 예방하기 위해 폭넓게 기재해야 합니다.

3. 본점의 소재지

- 법인의 주소지와 관련된 정보

4. 설립 시 발행 주식 총수 및 1주의 금액

- 자본금과 주식 발행에 대한 세부 사항

5. 임원의 구성 및 선임 방법

- 이사와 감사의 선임 방식, 권한, 의무

6. 의결권 및 주주총회 관련 규정

- 주주들이 의결권을 행사하는 방식

7. 법인의 존속 기간

- 법인의 유효기간을 명시할 수도 있음

8. 이익 배당에 관한 규정

- 법인의 이익을 어떻게 분배할지 결정

🔮 사업목적(정관의 심장부)

정관에서 가장 중요한 부분이 바로 사업목적입니다. 사업목적은 법인이 수행할 수 있는 모든 사업을 명확히 기술했을 때, 등기 설립 이후 사업 확장이나 추가 시 필요 이상의 행정 절차를 줄일 수 있는 중요한 역할을 합니다.

🧘 사업목적 작성 시 주의사항

1. 폭넓고 포괄적으로 작성하기

- 구체적이면서도 향후 확장을 고려해 포괄적으로 기재합니다. 예를 들어, '부동산 매매 및 임대업' 외에도 '부동산 컨설팅 및 관리업', '부동산 개발업' 등을 추가로 포함하는 것이 좋습니다.

2. 한국산업표준분류표 활용하기

- 한국산업표준분류표를 참조하면 체계적으로 사업목적을 정할 수 있습니다.

#**example** : 대분류 → 중분류 → 소분류 → 세분류

#**example** : 사업시설 관리, 사업 지원 및 임대 서비스업(74~76)
→ 사업 지원 서비스업 → 기타 사업 지원 서비스업 →
사무 지원 서비스업

사무 지원 서비스업을 정관의 사업목적에 기재해 놓으면 각종 문서작성 및 기타 사무 지원 서비스업을 모두 할 수 있습니다.

#**example** : 부동산업 → 부동산업 → 부동산 서비스업 → 부동산
관리업

A	B	C	D	E	F
A	B	C	O	E	F	G	H
개정 분류체계(재10차 기준)							
대분류(21)		중분류(77)		소분류(232)		세분류(495)	
코드	항목명	코드	항목명	코드	항목명	코드	항목명
A	농업, 임업 및 어업(01~03)	01	농업			011	작물 재배업
						662	보험 및 연금관련 서비스업
	부동산업(68)	68	부동산업			681	부동산 임대 및 공급업

한국표준산업분류표

3. 추가 비용과 번거로움 줄이기

- 처음 정관 작성 시 사업 확장을 고려하지 않고 필요한 사업목적만 작성하게 되면, 나중에 사업 확장에 따라 사업목적 추가를 위해 등기 변경을 해야 하며, 이 과정에서 추가 비용(법무사 수수료)과 시간이 들게 됩니다.

사업목적 작성에 대한 팁

1. 사업목적은 많을수록 좋다!

- 막연하다면 한국표준산업분류표를 참고하세요. 이 표는 사업을 대분류, 중분류, 소분류, 세분류로 나누어 정리해둔 자료입니다.

- 일반적으로, 한국산업표준분류표에서 세분류까지 고려해 사업목적을 구체화하면 좋습니다.

- 처음 법인을 설립할 때 본인이 하고 싶은 모든 업종을 미리 포함하세요. 나중에 추가하려면 등기 변경이 필요하며, 추가 비용이 발생합니다.

  #example : 저의 경우에는 부동산 관련, 숙박업, 경영컨설팅, 외국어 교육, 1인 미디어 콘텐츠 창작 등을 미리 포함해 두었습니다)

2. 다양한 업종을 넣어야 하는 이유

- 사업과 투자는 유연하게 변화합니다. 처음에는 특정 업종으로 시작하더라도, 성장하면서 다양한 기회를 모색할 수 있습니다.

- 예를 들어, 부동산 투자와 관련 없는 업종을 주로 한다고 하더라도, 부동산 관리나 임대업을 추가하는 것이 유리합니다.

- 삼성전자의 정관을 참고해보면, 반도체 외에도 주택사업, 부동산업, 교육서비스업 등 다양한 업종이 포함되어 있습니다.

정 관

제 1 장 총 칙

제1조 (상 호)
 이 회사는 삼성전자주식회사라 하고 영문으로는 SAMSUNG ELECTRONICS CO., LTD.라
표기한다.

제2조 (목 적)
 이 회사는 다음의 사업을 경영함을 목적으로 한다.
 1. 전자전기기계기구 및 관련기기와 그 부품의 제작, 판매, 수금대행 및 임대,
    서비스업
 2. 통신기계기구 및 관련기기와 그 부품의 제작, 판매, 수금대행 및 임대, 서비스업
 3. 의료기기의 제작 및 판매업
 4. 광디스크 및 광원응용기계기구와 그 부품의 제작, 판매, 서비스업
 5. 광섬유, 케이블 및 관련기기의 제조, 판매, 임대, 서비스업
 6. 전자계산조직 및 동 관련제품의 제조, 판매, 수금대행 및 임대, 서비스업
 7. 저작물, 컴퓨터 프로그램등의 제작, 판매, 임대업
 8. 노우하우, 기술의 판매, 임대업
 9. 정보통신 시스템에 관련된 구성 및 운영과 역무의 제공
 10. 자동제어기기 및 응용설비의 제작, 판매, 임대, 서비스업
 11. 공작기계 및 부품의 제작, 판매, 임대, 서비스업
 12. 반도체 및 관련제품의 제조, 판매업
 13. 반도체 제조 장치의 제조, 판매업
 14. 반도체 제조를 위한 원부자재의 제조, 판매업
 15. 기타 기계기구의 제작 및 판매업
 16. 합성수지의 제조, 가공 및 판매업
 17. 금을 제외한 금속의 제련가공 및 판매업
 18. 수출입업 및 동 대행업
 19. 경제성 식물의 재배 및 판매업
 20. 부동산업
 21. 물품매도 확약서 발행업
 22. 계량기, 측정기 등의 교정 검사업 및 제작, 판매업
 23. 전 각항의 기술용역, 정보통신 공사업 및 전기공사업
 24. 주택사업 임대 및 분양
 25. 운동, 경기 및 기타 관련사업
 26. 전동기, 발전기 및 전기변환장치 제조업
 27. 전기공급 및 제어장치 제조업
 28. 교육 서비스업 및 사업관련 서비스업
 29. 각 항에 관련된 부대사업 및 투자

제3조 (소재지)
 이 회사는 본점을 경기도 수원시에 두고 필요에 따라 이사회 또는 이사회로부터
 위임받은 위원회의 결의로 국내외의 적당한 지역에 공장, 지점, 출장소 또는

삼성전자 정관의 일부분

3. 열정피엠의 첫 정관 작성

제가 설립한 주식회사 더프로페셔널의 정관 내용 중 상호명과 사업목적을 보여드리겠습니다.

정 관

제1장 총 칙

제1조 (상호)
　이 회사는 "주식회사 더프로페셔널" 라 한다.

제2조 (목적)
　이 회사는 다음 사업을 경영함을 목적으로 한다.
　1. 주거용 건물 건설업
　1. 상품 중개업
　1. 음 · 식료품 위주 종합 소매업
　1. 서적 및 문구용품 소매업
　1. 통신 판매업
　1. 보관 및 창고업
　1. 기타 숙박업
　1. 기타 간이 음식점업
　1. 비알코올 음료점업
　1. 서적 출판업
　1. 부동산 임대업
　1. 부동산 개발 및 공급업
　1. 부동산 관리업
　1. 부동산 중개, 자문 및 감정 평가업
　1. 엔지니어링 서비스업
　1. 사진 촬영 및 처리업
　1. 그 외 기타 전문, 과학 및 기술 서비스업
　1. 사무 지원 서비스업
　1. 일반 교습학원
　1. 외국어학원 및 기타 교습학원
　1. 그 외 기타 교육기관

이처럼 다양한 사업목적을 포함함으로써, 현재 진행 중인 사업뿐 아니라 향후 사업 확장의 가능성까지 열어두었습니다. 정관은 단순한 서류가 아닙니다. 사업의 첫 단추를 끼우는 과정입니다. 제대로 된 정관 작성은 이후의 사업 확장과 법적 안정성을 보장합니다.

셀프 등기를 추천하지 않는 이유는 무엇일까요?

① 시간 낭비: 서류 준비와 법적 용어 해석에 많은 시간이 소요됩니다.
② 오류 위험: 서류 작성에서 실수가 발생하면 재심사를 받아야 하므로 진행이 지연될 수 있습니다.
③ 비용 증가: 처음부터 전문가를 활용하면 오히려 추가 비용을 줄일 수 있습니다.

법무사님께 평균 30~40만 원의 수수료를 지불하면, 대부분의 작업을 대행으로 처리할 수 있습니다. 하지만 법인의 대표가 될 여러분에게 필요한 기본적인 지식은 이 책을 통해 모두 갖출 수 있을 것입니다. 법인 설립 준비 시 서류 작업에서는 '정관' 작성에 많은 시간을 투자하세요. 사업의 꿈을 정관에 담는다는 생각으로 사업의 목적을 정해보세요. 정관은 단순한 서류가 아닙니다. 법인의 방향성과 가능성을 담은 로드맵입니다.

Tip

법무사님을 활용해야 하는 이유는 오랜 노하우를 바탕으로 법인 설립에 필요한 서류 템플릿을 이미 갖추고 있으며 이를 활용하면 시간과 에너지를 절약할 수 있습니다.

법인을 설립할 때 빠질 수 없는 개념이 바로 주주와 감사입니다. 이 용어는 법인 운영의 핵심 구성 요소를 설명하며, 법인을 이해하고 설립하는 데 중요한 역할을 합니다. 하지만 초보자에게는 다소 생소할 수 있습니다. 지금부터는 주주와 감사의 정의, 역할, 그리고 실무적 활용 방안까지 자세히 살펴보겠습니다.

1. 주주란 무엇인가?

주주란 법인이 발행한 주식을 소유한 사람으로, 법인의 소유권을 보유한 사람입니다. 주주는 법인의 소유자로서 중요한 권리와 책임을 가지며, 법인의 성장과 이익 창출에 직접적으로 영향을 받습니다.

주주의 권리

① 의결권 : 주주는 주주총회에서 법인의 주요 의사결정에 참여할 수 있습니다.

② 이익배당권 : 법인이 이익을 창출하면, 배당금을 받을 권리가 있습니다.

③ 잔여재산 청구권 : 법인이 해산될 경우, 잔여 재산을 분배받을 권리가 있습니다.

1인 법인의 경우, 주주와 대표가 동일인이므로 모든 권리와 책임이 대표에게 귀속됩니다. 하지만 향후 가족법인으로 전환하거나 주식을 외부에 매각할 경우, 주주의 구성은 법인의 지배 구조와 직접적으로 연결되므로 신중하게 계획해야 합니다.

2. 감사란 무엇인가?

감사는 법인의 경영 활동과 재무 상태를 감독하고, 법인의 투명성과 주주의 권리를 보호하는 역할을 맡습니다. 특히 대규모 법인의 경우 감사의 역할은 매우 중요합니다. 하지만 소규모 1인 법인에서는 감사를 형식적으로 두는 경우가 많습니다.

🏛 감사의 주요 역할

① 경영 감독 : 법인의 재무 상태와 경영 활동을 점검합니다.

② 조사보고서 작성 : 법인 설립 시 감사는 '조사보고서'를 작성해야 합니다.

③ 주주 보호 : 주주의 권익이 침해되지 않도록 경영을 감시합니다.

🏛 감사의 실질적 필요 여부

① 자본금 10억 원 미만의 소규모 법인은 감사를 두지 않아도 됩니다.

② 법인 설립 시에는 감사를 형식적으로 꼭 지정해야 하며, 이후 감사를 사임시키는 것도 가능합니다.

3. 주주와 감사의 상호 관계

주주는 법인의 소유자로서 의사결정권과 이익 배당권을 가지고 있으며, 감사는 법인의 투명성을 보장하는 역할을 합니다. 이 둘은 상호 보완적인 관계를 이루며, 보통 법인의 성장과 안정적인 운영을 위해 협력합니다.

4. 주주와 감사 구성 시 고려사항

🏛️ 주주 구성 시 유의할 점

① 초기 설립 단계에서는 대표 본인이 100% 주식을 보유하는 방식이 일반적입니다.

② 이후 가족법인으로 전환할 경우, 주식을 가족 구성원에게 증여해 주주 구성을 변경할 수 있습니다.

🏛️ 감사 구성 시 유의할 점

① 배우자나 신뢰할 수 있는 가족 구성원을 감사로 지정하는 것이 일반적입니다.

② 배우자를 감사로 지정하면 법인의 재무 상태를 가족과 투명하게 공유할 수 있습니다.

5. 실제 사례로 배우는 주주와 감사 구성

제가 법인을 설립할 당시, 배우자를 감사로 지정하고 주식은 전부 제가 보유했습니다. 이후 법인의 매출이 증가하고 자산을 확대하는 과정에서, 배우자와 자녀에게 주식을 일부 증여하여 가족법인으로 전환했습니다. 이를 통해 가족 구성원이 법인의 주주로 참여하게 되었고, 가족이 함께 법인의 성장과 경영 방향에 기여할 수 있었습니다.

가족법인의 유연한 구성은
1인 법인이나 가족법인의
큰 장점이라고 생각한다 개

법인이 드디어 태어났다
(법인 등기 완료)

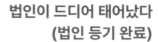

법인에 대한 기본 개념부터 잡고 열심히 서류를 준비한 여러분! 진심으로 축하합니다. 드디어 법인이 세상에 태어나게 되는 순간입니다.

법인이 탄생했습니다.
이 작은 문서 한 장이 시작의 신호탄입니다.

법인 등기란 무엇인가?

'등기'라는 단어가 낯설게 느껴질 수 있을 것입니다. 등기는 간단히 말해 법인을 세상에 공식적으로 등록하는 절차를 말합니다. 등기부등본은 법인의 신분증과도 같은 존재로, 마치 개인이 주민등록등본으로 본인을 증명하듯, 법인은 등기부등본으로 그 존재를 증명합니다.

법인 설립의 마지막 단계인 등기 완료는 법인이 공식적으로 세상에 태어났음을 알리는 중요한 선언입니다. 등기부등본 한 장은 법인이 독립된 법적 주체로 인정받았다는 것을 의미하며, 이제 사업과 투자를 시작할 준비가 되었음을 나타냅니다.

제가 설립한 첫 법인, '주식회사 더프로페셔널'의 등기가 완료되었을 때, 단순한 행정 서류를 넘어 제가 꿈꿔왔던 사업의 출발점이 눈앞에 펼쳐진 것 같은 감동을 느꼈습니다.

법인 설립 등기 절차

법인 등기 과정을 단계별로 정리하면 다음과 같습니다.

1. 서류 준비

- 법인 설립에 필요한 모든 서류를 준비합니다. 특히 정관과 같은 핵심 서류는 최소 3회 이상 검토하는 것이 좋습니다. 정관, 주주명부, 발기인 회의록, 조사보고서 등의 기본 서류

2. 법무사님과의 협업

- 법무사님께 준비된 서류를 전달하고, 부족한 부분이나 법적 요건을 검토받습니다.

Tip

업종이나 사업목적 등이 제대로 반영되었는지 다시 한번 확인하세요.

3. 등기 신청

- 법무사님이 관할 등기소에 서류를 제출합니다.
- 서류 제출 후 1주일가량의 심사 기간이 소요됩니다.

4. 등기 완료 및 등기부등본 발급

- 심사가 완료되면 법인이 공식적으로 등록됩니다. 이후 등기부등본과 함께 법인의 존재를 증명할 수 있는 문서를 발급받습니다.

📖 등기 완료 후 발급받는 핵심 문서

① 법인 등기부등본: 법인의 신분증과 같습니다. 대표자, 본점 주소, 자본금, 주주 정보 등이 명시됩니다.

② 법인 인감증명서: 법인의 공식 도장을 증명하는 문서로, 주요 계약이나 금융 거래 시 반드시 필요합니다.

③ 법인 인감도장: 모든 공적 문서에 사용하는 도장입니다.

📖 셀프 등기와 법무사 대행중 어떤 것이 좋을까?

법인 설립 과정에서 '셀프로 등기하면 돈을 아낄 수 있지 않을까?'라는 생각을 하는 분들이 많습니다.

1) 셀프 등기의 장점

① 초기 비용 절감: 법무사 수수료(30~40만 원)를 절약할 수 있습니다. 하지만, 현실적인 단점도 있습니다.

② 시간 소요: 서류 준비부터 제출까지 직접 해야 하므로 업무 시간이 길어집니다.

③ 오류 발생 가능성: 심사 과정에서 서류가 반려되면 다시 준비

해야 하므로, 추가적인 시간과 노력이 필요합니다.

저는 첫 법인을 설립할 때 법무사님의 도움을 받아 설립 등기를 진행했습니다. 결과적으로 단시간에 정확하게 마칠 수 있었고, 서류 검토나 행정 절차의 번거로움을 덜 수 있었습니다. 따라서 법인 설립 초기에는 전문가를 레버리지 하는 것을 추천합니다.

법인 등기 후 해야 할 일(확인과 검토)

등기 완료 후 가장 먼저 해야 할 일은 발급받은 법인 등기부등본의 내용을 확인하는 것입니다. 오류가 있는 경우 이후 사업자등록이나 은행 계좌 개설 과정에서 문제가 생길 수 있으므로 꼼꼼히 검토해야 합니다.

주요 확인 사항

① 법인명과 대표자 이름

② 본점 소재지

③ 사업목적

④ 자본금 및 발행 주식 수

법인의 첫걸음(새로운 시작)

등기부등본 한 장은 법인이 세상에 태어났음을 상징합니다. 이 문서를 품에 안고 사업과 투자의 세계로 첫발을 내딛는 순간, 설렘과 책임감을 동시에 느끼게 될 것입니다. 등기는 끝이 아니라 시작입니다. 이 책을 읽는 독자 여러분도 법인 설립을 통해 새로운 도전을 시작하고, 꿈꾸는 목표를 성취하시길 바랍니다.

 자주 묻는 질문들

Q&A 등기 완료 후 바로 사업을 시작할 수 있나요?

등기 완료는 첫 단계입니다. 사업자등록, 은행 계좌 개설 등의 후속 절차를 완료해야 본격적으로 사업을 시작할 수 있습니다.

Q&A 등기 후에도 정보 변경이 가능한가요?

가능합니다. 대표자 변경, 본점 소재지 이전, 사업목적 추가 등은 변경등기를 통해 수정할 수 있습니다. 다만, 변경등기에는 별도의 수수료가 발생하니 계획적으로 운영하는 것이 중요합니다.

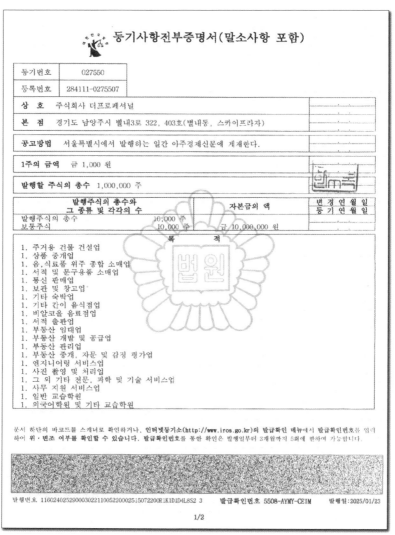

등기사항전부증명서(말소사항 포함)

등기번호	027550
등록번호	284111-0275507

상 호 주식회사 더프로페셔널

본 점 경기도 남양주시 별내3로 322, 403호(별내동, 스카이프라자)

공고방법 서울특별시에서 발행하는 일간 아주경제신문에 게재한다.

1주의 금액 금 1,000 원

발행할 주식의 총수 1,000,000 주

발행주식의 총수와 그 종류 및 각각의 수	자본금의 액	변경 연월 일 등 기 연 월 일
발행주식의 총수 10,000 주 보통주식 10,000 주	금 10,000,000 원	

목 적

1. 주거용 건물 건설업
1. 상품 중개업
1. 음.식료품 위주 종합 소매업
1. 서적 및 문구용품 소매업
1. 통신 판매업
1. 보관 및 창고업
1. 기타 숙박업
1. 기타 간이 음식점업
1. 비알코올 음료점업
1. 서적 출판업
1. 부동산 임대업
1. 부동산 개발 및 공급업
1. 부동산 관리업
1. 부동산 중개, 자문 및 감정 평가업
1. 엔지니어링 서비스업
1. 사진 촬영 및 처리업
1. 그 외 기타 전문, 과학 및 기술 서비스업
1. 사무 지원 서비스업
1. 일반 교습학원
1. 외국어학원 및 기타 교습학원

문서 하단의 바코드를 스캐너로 확인하거나, 인터넷등기소(http://www.iros.go.kr)의 발급확인 메뉴에서 발급확인번호를 입력하여 위·변조 여부를 확인할 수 있습니다. 발급확인번호를 통한 확인은 발행일부터 3개월까지 5회에 한하여 가능합니다.

발행번호 116024025290003022110052200025150722008R1K1D1D4L8S2 3   발급확인번호 5508-AYMY-CEIM   발행일:2025/01/23

1/2

열정피엠의 등기사항전부증명서 내용 일부

등기번호	027550

1. 그 외 기타 교육기관
1. 교육 지원 서비스업
1. 세탁업
1. 미디어콘텐츠창작업
1. 1인미디어콘텐츠창작업
1. 위 각호에 관련된 부대사업일체   <2022.09.07 삭제   2022.09.13 등기>
1. 경영컨설팅업   <2022.09.07 추가   2022.09.13 등기>
1. 위 각호에 관련된 부대사업일체   <2022.09.07 추가   2022.09.13 등기>

임원에 관한 사항

（개인정보 마스킹 처리됨）

회사성립연월일	2021 년 11 월 12 일
등기기록의 개설 사유 및 연월일 설립	2021 년 11 월 12 일 등기

-- 이 하 여 백 --

관할등기소 의정부지방법원 남양주지원 등기과 / 발행등기소 서울동부지방법원 등기국
수수료 1,000원 영수함

이 증명서는 등기기록의 내용과 틀림없음을 증명합니다.
[다만, 신청이 없는 지점·지배인에 관한 사항의 기재를 생략하였습니다]
서기 2025년 01월 23일

법원행정처 등기정보중앙관리소   전산운영책임관
* 실선으로 그어진 부분은 말소사항을 표시함.

문서 하단의 바코드를 스캐너로 확인하거나, 인터넷등기소(http://www.iros.go.kr)의 발급확인 메뉴에서 발급확인번호를 입력하여 위·변조 여부를 확인할 수 있습니다. 발급확인번호를 통한 확인은 발행일부터 3개월까지 5회에 한하여 가능합니다.

발행번호 11602402529000302211005220002515072200R1K1D1D4L8S2 3   발급확인번호 5508-AYMY-CEIM   발행일:2025/01/23

법인 설립 등기를 마쳤다면 이제 다음 단계는 사업자등록입니다. 사업자등록은 법인이 실제로 활동할 수 있는 첫 번째 관문으로, 법인의 존재를 세무서에 알리고 법적인 활동을 시작하는 데 있어 필수적인 과정입니다. 지금부터는 사업자등록의 중요성과 절차, 그리고 직장인 법인 대표가 알아야 할 핵심 포인트를 살펴보겠습니다.

사업자등록의 필요성과 시기

사업자등록은 법인 운영의 필수 요건입니다. 법인 등기 후 20일 이내에 관할 세무서에서 사업자등록을 신청해야 합니다. 이 기간을 초과할 경우, 과태료와 같은 행정적인 불이익이 발생할 수 있습니다. 따라서 등기가 완료된 즉시 사업자등록 준비를 시작하는 것이 좋습니다.

· 사업자등록을 위해 필요한 서류는 다음과 같습니다.

① 법인등기부등본

② 정관

③ 주주명부

④ 임대차계약서(사업장을 임대한 경우)

⑤ 대표자 신분증 사본

이 서류들을 세무서에 제출하면 사업자등록증이 발급되며, 법인이 공식적으로 사업을 시작할 수 있게 됩니다.

사업자등록 시 반드시 체크해야 할 점

사업자등록 과정에서 놓치기 쉬운 부분들이 있습니다. 이를 미리 파악하여 제대로 준비하면 불필요한 오류를 방지할 수 있습니다.

1. 임대차계약서 확인

본점 소재지로 둔 공유오피스와 임대차계약을 설정한 경우, 법인등기번호가 반영되지 않은 초기 임대차계약서를 사용한 상태입니다. 등기가 완료되면 해당 번호를 반영한 최신 임대차계약서를 작성해 세무서에 제출해야 합니다.

2. 사업자등록번호와 법인번호의 차이

· 사업자등록번호 : 법인이 세무서에 등록된 후 부여되는 번호입니다.
· 법인번호 : 등기 완료 시 법원에서 부여하는 고유번호입니다.

사업과 관련된 업무에서는 두 번호를 명확히 구분해 사용하는 것이 중요합니다.

3. 사업목적에 따른 업종 분류

세무서에 제출하는 사업자등록 신청서에는 반드시 업종을 선택해야 합니다. 등기 시 정관에 포함했던 사업 목적과 일치하는 업종을 정확히 기재해야 하며, 이는 세무 신고나 금융 거래 시 중요한 기준이 됩니다.

사업자등록증 발급 후 첫걸음

사업자등록증은 법인의 '세무 신분증'입니다. 사업자등록증이 발급되면 비로소 법인이 공식적인 세금 신고 의무와 권리를 갖게 됩니다.

1) 세금 신고 의무
① 법인세: 매년 법인의 소득에 대한 신고 및 납부
② 부가가치세: 거래 발생 시 매출과 매입에 대한 부가세 신고

2) 금융 업무 준비
사업자등록증 발급 후에는 은행 계좌 개설과 법인카드 발급 등의 후속 절차를 수행할 수 있습니다. 은행 업무는 사업 운영의 필수적인 부분이므로 빠르게 진행하는 것이 좋습니다.

3) 법인 운영의 본격 시작
사업자등록이 완료되면 법인의 활동이 본격적으로 시작됩니다. 사업 투자와 재테크를 실행하며 법인의 성장 가능성을 실현해 나가는 시간이 찾아옵니다.

직장인 법인 대표의 현실적 조언(새로운 가능성을 열다)

직장인으로서 법인을 설립하고 사업자등록을 완료하는 과정은 많은 이들에게 생소하고 도전적인 여정일 수 있습니다. 하지만, 저는 이과정을 통해 제 삶의 가능성이 얼마나 넓어질 수 있는지를 직접 체감했습니다. 사업자등록증을 발급받는 순간, 단순히 법인의 대표가 되었음을 알리는 것을 넘어, 새로운 도전의 시작을 선언하는 기분이 들었습니다. '이제 내가 꿈꾸던 비즈니스와 투자의 세계에 한 발짝 더 다가섰구나'라는 설렘과 책임감이 함께 찾아왔습니다.

1) 법인은 나의 두 번째 직업이자 기회

법인을 설립하기 전에는 직장이라는 틀 안에서만 생각했습니다. 하지만 법인을 통해 저는 새로운 정체성을 얻었습니다. 이제는 직장에서 얻는 소득 외에도, 법인을 활용해 내 열정과 아이디어를 비즈니스로 실현할 수 있는 또 다른 직업을 갖게 된 것입니다.

2) 시간과 비용을 절약한 스마트한 선택

저는 본점 소재지를 공유오피스로 설정해 불필요한 비용을 최소화했습니다. 월세 부담 없이도 법인을 운영할 수 있는 현실적인 방법을 찾아냈고, 이를 통해 초기 비용을 전략적으로 관리할 수 있었습니다. '큰돈이 있어야만 사업을 시작할 수 있다'는 생각은 완전히 잘못된 고정관념입니다.

작은 시작이야말로 가장 강력한 첫걸음입니다. 중요한 것은 규모가 아니라 시작 그 자체라는 점을 저는 몸소 깨달았습니다.

3) 법인은 무한한 가능성을 여는 열쇠

법인을 설립하고 사업자등록을 완료한 뒤, 제 삶은 확실히 달라졌습니다. 과거에는 돈을 저축하거나 주식에 소액 투자하는 정도에 그쳤다면, 이제는 법인을 통해 더 큰 목표를 설정하고, 장기적으로 자산을 키워나갈 수 있는 시스템을 구축하고 있습니다. 사업자등록증을 받는 순간 느꼈던 그 뿌듯함과 설렘은 지금도 잊을 수 없습니다. 그 문서 한 장이 제 비즈니스와 투자 여정을 새롭게 정의하는 계기가 되었으니까요.

사업자등록 이후를 준비하자

사업자등록은 법인의 시작점일 뿐, 끝이 아닙니다. 이제부터는 정기적인 세금 신고, 재무 관리, 그리고 사업 확장과 같은 더 큰 목표를 향해 나아갈 차례입니다. 이를 위해서는 체계적이고 전략적인 시스템을 갖추는 것이 중요합니다.

 (열정피엠이 드리는 동기부여 메시지) 당신도 할 수 있습니다!

'평범한 직장인인 나도 할 수 있을까?'라는 의문을 가졌던 과거의 제가 이제는 **법인을 통해 두 번째 직업을 만들고, 자산을 키우는 여정을 시작**했습니다. 물론 처음에는 두렵고 막막했습니다. 하지만 그저 작은 한 걸음을 내디딤으로 이 길의 문을 열었습니다.

사업자등록증은 단순한 서류 그 이상의 의미를 가집니다. 당신의 아이디어와 열정을 현실로 바꿀 수 있는 기회를 상징합니다. 여러분도 도전해 보세요. 그 한 걸음이 여러분의 미래를 바꿀 수 있습니다.

이제 여러분은 공식적인 법인 대표로서 새로운 길을 걷게 되었습니다. 사업과 투자를 통해 법인을 성장시키고, 이를 바탕으로 경제적 자유를 실현해 나가는 기본 기틀을 마련하게 된 것을 진심으로 축하드립니다.

제가 경험한 모든 노하우와 운영 방법은 뒤에서 아낌없이 나눌 예정입니다. 저와 함께 같은 배를 타고 이 여정을 시작하신 것을 환영합니다. 이제 본격적으로 법인을 활용한 성장과 확장의 세계로 나아가 보겠습니다.

열정피엠의 법인 사업자등록증

1인 법인 운영, 가족법인의 초석

절세 전략의 기반

왜 세무 기장이 중요한가?

세무 기장의 중요성

법인을 설립하고 드디어 사업의 첫걸음을 내디딘 여러분, 진심으로 축하드립니다! 하지만 법인 운영에서 가장 처음 맞닥뜨리는 난관 중 하나는 바로 '세무 기장'입니다. 세무 기장은 단순히 법적인 의무가 아니라, 사업 성공의 기반이 되는 중요한 요소입니다. 지금부터는 세무 기장이 왜 중요한지, 그리고 효율적으로 관리하기 위해 어떻게 접근해야 하는지 알아보겠습니다.

1. 세무 기장이란 무엇인가?

세무 기장은 법인의 모든 재무 활동을 기록하고 관리하는 과정입니다. 매출, 비용, 자산, 부채 등을 체계적으로 정리하여 법인의 재무 상태를 명확히 파악할 수 있게 합니다. 이는 단순히 장부 작성의 개념을 넘어, 법인의 성과를 평가하고 미래를 계획하는 중요한 도구입니다.

🏛️ 세무 기장의 주요 역할

① 재무 상태 관리: 사업의 수익성과 비용 구조를 한눈에 파악

② 세금 신고 준비: 법적 문제를 방지하고 정확한 세금 신고를 지원

③ 사업 투명성 확보: 신용 기금을 통한 신용대출이나, 담보 대출 시 신뢰성을 높임

2. 왜 세무 기장이 중요한가?

1) 정확한 세금 신고

세무 기장은 세금 신고의 기본 자료를 제공합니다. 기장을 통해 세금 신고를 정확히 준비하면, 가산세나 법적 문제를 피할 수 있습니다.

2) 절세 전략의 기반

체계적인 세무 기장은 절세 전략을 설계하는 데 필수적인 데이터입니다. 특히 법인은 다양한 절세 옵션을 활용할 수 있으므로 기장의 중요성이 더욱 큽니다.

3) 사업 운영의 투명성

투명한 회계는 법인의 신뢰도를 높이고, 투자자와 금융기관의 신뢰를 얻는 데 필수적입니다. 이 투명성은 추후 가족법인으로 전환하거나 외부 투자를 받을 때도 큰 도움이 됩니다.

3. 초기 법인 운영 시 세무사 활용의 필요성

1) 비용 대비 효율성

제가 설립한 '주식회사 더프로페셔널'은 초기 매출이 크지 않았지만, 세무사의 도움으로 법인 운영을 안정적으로 시작할 수 있었습니다. 제가 조사한 바에 따르면, 한 달에 10~15만 원 정도의 비용으로 세무사와 협력이 가능하였습니다. 세무 기장을 통해 단순한 세금 신고를 넘어 재무 관리와 사업 확장에 대한 조언까지 받을 수 있었습니다.

2) 총무팀장을 고용한 효과

저는 세무사를 법인의 '외부 총무팀장'으로 생각합니다. 세무사는 단순히 숫자 다루는 역할만 하는 것이 아닙니다. 법인의 성장과 안정성을 지원하는 중요한 조력자입니다. 실제로 제가 운영하는 법인은 초기 매출이 많지 않았음에도 불구하고 세무사와 협력하여 법인의 재무 투명성을 유지하고, 절세 전략을 꾸준히 실행해왔습니다. 이러한 준비는 법인 확장의 든든한 기반이 되었습니다.

4. 세무 기장 서비스를 이용할 때 얻는 혜택

1) 시간 절약

사업 초기에는 해야 할 일이 많습니다. 세무 기장을 전문가에게 맡기면, 법인 대표는 본업과 사업 확장에 집중할 수 있습니다.

2) 리스크 최소화

전문적인 세무사의 도움을 받으면, 세금 신고 오류로 인한 가산세나 법적 문제 등을 사전에 방지할 수 있습니다.

3) 맞춤형 절세 전략

세무사는 법인의 구조와 사업 형태에 맞는 절세 전략을 제시합니다. 이를 통해 불필요한 세금 지출을 줄이고, 법인의 재무 효율성을 높일 수 있습니다.

5. 세무사 선택 시 고려할 점

1) 경험과 전문성

법인 세무에 특화된 경험이 있는 세무사를 선택하세요. 특히, 가족법인 전환이나 미국 주식, 부동산 투자 등 관련 업무 경험을 가지고 있는 세무사라면 더욱 유리합니다.

2) 세무 기장 계약의 범위

기장료 계약 외 매년 한 번 법인세 신고 조정료가 통상 별도로 필요합니다. 세무 기장을 할 때 이 부분에 대한 세부적인 비용구조를 명확히 이해하는 것이 중요합니다. 저는 세무기장료 계약을 할 때 1년에 2번 부가가치세 신고까지 포함하였고, 법인세 신고 조정료만 별도로 책정하였습니다. 필요한 서비스 범위에 따라 비용을 비교한 후 합리적으로 협상하는 것이 중요합니다.

3) 꾸준한 소통

세무사와의 원활한 소통은 법인의 재무 안정성과 세금 관리의 핵심입니다. 한 분의 세무대리인과 평생 같이 할 필요는 없습니다. 만일

 (열정피엠 사례) 가족법인으로의 전환

> 초기 1인 법인을 설립해 운영하던 저는 **매출이 점차 늘어나고 부동산 매수**를 하게 됨에 따라 이른 시점에 **가족법인으로 전환**했습니다. 이 과정에서 세무사님의 조언은 필수적이었습니다. **자녀에게 주식을 증여**하면서 **절세 혜택**을 최대한 활용했고, 가족이 함께 법인을 운영하는 재미도 느끼고 있습니다.

세무사님과 계약을 맺고 함께 일을 해나가는 데 있어 소통이 잘 안되고 서비스의 질이 기대에 미치지 못한다면, 호흡이 맞고 결이 맞는 세무사님을 찾아 변경하는 것이 중요합니다.

마지막으로, 세무 기장의 핵심 포인트를 요약해 보겠습니다.

① 초기 기장료는 투자다: 한 달에 10~15만 원으로 든든한 파트너를 얻으세요.

② 정기적으로 소통하라: 법인의 재무 상태와 계획을 공유하세요.

③ 절세 전략을 배우자: 세무사와 협력하여 세금 혜택을 극대화하세요.

법인세와 관련된 세금 구조

　　법인을 운영하면서 가장 기본적으로 알아야 할 것이 있다면 바로 법인세와 관련된 세금 구조입니다. 법인세는 매출에서 비용을 제외한 '법인 순이익'에 대해 부과되는 세금입니다. 하지만, 법인이 납부해야 할 세금은 이뿐만이 아닙니다. 법인을 설립하면 내야 하는 세금에 대해 살펴봅시다.

1. 법인의 주요 세금 종류

🏛️ 법인세

　　① 개념: 법인의 순이익(매출 - 비용 - 경비 등)에 부과되는 세금

　　② 신고 시기: 매년 3월 (12월말 결산 법인이 경우 3월)

　　③ 세율

　　　＃ 2억 원 이하: 9%

＃2억 원 초과 ~ 200억 원 이하: 19%

＃200억 원 초과: 21%

- 포인트: 법인은 매출이 아닌 이익에 대해 세금을 내기 때문에 비용을 적절히 활용하면 세금 부담을 줄일 수 있습니다.

🏛 부가가치세(VAT)

① 개념: 매출에 부과되는 소비세

② 신고 시기: 매년 1월, 4월, 7월, 10월 (1년에 4회 신고)*

③ 세율

＃매출의 10%

- 포인트: 매출세액에서 매입세액을 공제한 금액을 납부하므로, 사업과 관련된 모든 매입의 세금계산서를 꼼꼼히 챙기는 것이 중요합니다.

🏛 원천세

① 개념: 급여, 이자, 배당금 지급 시 미리 떼어 납부하는 세금

② 신고 시기: 매월 10일

- 포인트: 대표자 급여를 설정하면 급여 지급 시 원천세를 신고해야 하며, 배당을 지급할 경우에도 원천세를 공제하여 신고해야 합니다. 현재 저희는 모으는 것에 집중하므로, 당분간은 해당 사항이 없습니다.

---

* 소규모법인(전기매출 1억 5천 만원 미만)인 경우 1년에 2회 신고 (4, 7월에는 세무서에서 예정고지서를 부과받음)

🏛 종합소득세

① 개념: 개인 소득과 법인에서 발생한 배당 소득을 포함한 모든 소득에 대해 부과되는 세금

② 신고 시기: 매년 5월

- 포인트: 법인 대표자의 개인 소득이 발생하면 추가 신고가 필요하며, 초기 법인 운영 시 무보수로 설정하면 해당 사항이 없습니다.

🏛 지방세

① 개념: 법인세에 추가로 부과되는 지역 세금

② 세율

\# 법인세의 10%

\# 부가세의 10%

- 포인트: 법인세 신고를 별도로 해야하며 따로 납부해야합니다.

2. 법인 세금 신고 시 팁

🏛 적절한 비용 처리로 세금 절감

법인은 매출에서 경비를 공제한 이익에 대해서만 세금을 부과 받으므로, 사업과 관련된 비용을 꼼꼼히 기록하고 처리하는 것이 중요합니다.

\#example: 회의비, 출장비, 교통비 등 사업 관련 지출은 모두 비용으로 처리 가능)

🏛️ 전자세금계산서 활용

모든 매출과 매입 거래를 전자세금계산서로 관리하면 신고 과정이 간소화되고, 매입세액 공제를 정확히 받을 수 있습니다.

🏛️ 세무사와의 긴밀한 협력

법인세를 신고하고 절세 전략을 세우는 일에는 전문성이 요구되므로, 세무사와 협력하여 체계적으로 진행하는 것이 안전합니다.

3. 법인 세금의 핵심 요약

- 법인의 세금은 매출이 아니라 이익에 대해 부과됩니다. 따라서 비용을 효율적으로 처리함으로써 절세 효과를 극대화할 수 있습니다.
- 부가가치세는 매출세액에서 매입세액을 공제하므로, 세금계산서를 철저히 관리하세요.
- 초기 운영 단계에서는 세무사의 도움을 받아 실수를 줄이고 안정적인 운영 기반을 마련하는 것이 중요합니다.

 (열정피엠의 강력 추천) 직장인이라면 무보수로 세팅하세요!

법인을 처음 설립 및 운영할 때 **직장인 신분에 있다면** 초기에는 **대표 급여를 무보수로 설정**하는 것을 강력히 추천합니다. 이렇게 하면 원천세와 종합소득세에 해당되지 않아 **세금 부담을 줄이는 데 큰 도움**이 됩니다.

무보수 세팅의 장점

1. 원천세 신고 의무 없음

- 대표 급여를 설정하면 매월 급여 지급 시 원천세를 신고하고 납부해야 합니다.
- 하지만 무보수로 설정하면 급여 지급 자체가 없으므로 원천세 신고 의무가 사라집니다.
- 이는 초기에 매출이 적고 사업이 안정되지 않은 상황에서 행정 업무를 최소화할 수 있는 장점이 있습니다.

2. 종합소득세 부담 없음

- 직장인이면서 법인 대표로 급여를 받는 경우, 직장에서 받는 급여와 법인에서 받는 소득이 합산되어 종합소득세를 신고해야 합니다. 단, 복수의 근로소득을 합산하여 연말정산하면 별도로 종합소득세 신고를 할 필요 없습니다.
- 하지만 무보수로 설정하면 법인에서 얻는 추가 소득이 없으므로 종합소득세 부담이 발생하지 않습니다.

3. 건강보험료 상승 방지

- 직장에서 직장가입자로 건강보험을 납부하고 있는 경우, 법인에서 추가 소득이 발생하면 지역가입자 방식의 추가 건강보험료가 부과될 수 있습니다.
- 무보수로 설정하면 추가 건강보험료를 부담하지 않아도 되므로, 직장인 신분을 유지하면서 법인을 운영하는 데 매우 유리합니다.

저는 법인을 설립한 후, 초기에는 급여를 받지 않는
무보수 구조로 설정했습니다.
덕분에 직장에서 받는 소득 외에 추가 세금 신고 의무나
건강보험료 인상 부담이 없었고, 법인 운영 초기의
재무 관리를 훨씬 수월하게 할 수 있었습니다.

이러한 무보수 세팅은 초기 법인 운영에 대한 부담을 최소화하면서, 사업을 점진적으로 확장할 수 있는 기반을 마련해 줍니다. 무보수 세팅은 직장인 신분으로 법인을 운영할 때 세금과 행정적 부담을 줄이는 가장 효율적인 방법입니다. 초기에는 무보수로 설정하여 안정적으로 법인을 운영하고, 사업이 성장하면서 필요한 시점에 급여나 배당을 활용해 수익을 구조화하세요.

이 책의 핵심 포인트는
법인을 단순한 재테크 도구가 아닌,
직장인에게 가장 유리한
재무 관리 플랫폼으로 활용하는 것이다 냥

법인 설립 후 사업자등록을 마쳤다면, 이제 법인 은행 계좌를 개설할 차례입니다. 은행 계좌는 법인의 재무 관리를 시작하고, 사업과 투자를 본격적으로 추진하는 중요한 도구입니다. 법인 은행 계좌 개설과 관리의 핵심 포인트를 정리해 보겠습니다.

법인 은행 계좌란?

법인 은행 계좌는 법인의 이름으로 재무 활동을 관리하는 계좌입니다. 매출 관리, 비용 처리, 세금 납부, 대출 등 법인의 모든 자금 흐름이 해당 계좌를 통해 이루어집니다. 개인 계좌와는 달리, 법인의 금융 거래를 체계적으로 기록하고 투명하게 관리하기 위해 반드시 필요합니다.

1. 법인 계좌 개설 준비 서류

법인 계좌를 개설하려면 다음의 서류를 준비해야 합니다.

① 법인등기부등본

② 사업자등록증

③ 법인 인감증명서

④ 법인 인감도장

⑤ 대표자 신분증

⑥ 임대차계약서(필요시)

2. 신규 법인에 호의적인 은행 찾기

신규 법인은 신뢰도와 실적이 부족하기 때문에 일부 은행에서는 계좌 개설 과정에서 까다롭게 심사하거나 부정적인 태도를 보일 수 있습니다. 이를 해결하기 위해서는 다음의 사항을 참고하세요.

🏛 신규 법인에 우호적인 은행의 특징

① 전국적으로 지점망이 많은 대형 은행

② 창업 지원 프로그램이 활성화된 은행

③ 법인 계좌 개설 경험이 풍부한 지점을 보유한 은행

🏛 은행 담당자와의 소통

① 전화 상담을 통해 미리 필요한 서류와 조건을 확인하세요.

Tip

법인 인감도장과 증명서는 계좌 개설뿐 아니라 모든 공적 거래에 필수이므로 별도로 잘 보관해야 합니다.

② 초기부터 담당자와 좋은 관계를 형성하면 이후 법인 카드 발급, 대출 상담 등이 수월해집니다.

🏛 구독형 공유오피스 활용 팁

제가 설립한 법인 '주식회사 더프로페셔널'의 경우, 본점 소재지로 구독형 공유오피스를 활용했습니다. 공유오피스 계약 당시, 이미 많은 법인 대표님들이 해당 오피스를 이용하고 있는 사실을 확인하고, 은행 계좌 개설에 도움을 받을 수 있을지 공유오피스 담당자와 협의했습니다. 그 결과, 신규 법인에 우호적인 은행과의 연결점을 찾아 보다 쉽게 계좌 개설을 진행할 수 있었습니다.

3. 계좌 개설 후 유의사항

🏛 개인 계좌와의 철저한 분리

법인의 모든 거래는 반드시 법인 계좌를 통해 이루어져야 합니다. 개인 계좌와 혼용하면 재무 기록이 불투명해져 세무 이슈가 발생할 수 있습니다.

🏛 정기적인 거래 내역 확인

매월 거래 내역을 점검하여 누락이나 오류를 방지하세요. 이는 법인의 재무 투명성과 신뢰성을 유지하는 데 필수적입니다.

Tip

구독형 공유오피스를 통해 네트워크 형성과 정보 공유라는 혜택을 얻을 수 있습니다. 법인 운영 초기에 적극 활용해보세요.

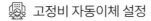 고정비 자동이체 설정

법인 계좌를 통해 임대료, 관리비 등을 자동이체로 설정하면 자금 흐름을 체계적으로 관리할 수 있습니다.

4. 법인 은행 업무의 중요성

법인 계좌는 단순히 돈을 넣고 빼기 위한 용도가 아닙니다. 재무 관리를 체계적으로 시작하고, 사업 확장을 위한 발판을 마련하는 과정입니다. 은행과의 신뢰 관계는 장기적으로 대출, 투자 유치, 파트너십 구축 등 다양한 기회를 제공할 수 있습니다. 법인 은행 계좌는 사업의 기초를 다지는 중요한 첫걸음입니다.

여러분도 저의 사례처럼 주변의 경험담을 잘 모아, 신규 법인에 호의적인 은행을 찾아 좋은 시작을 만들어 보시기 바랍니다.

 (열정피엠 사례) 네트워크를 활용한 은행 업무

제가 설립한 **법인의 본점 소재지는 공유오피스를** 활용해 구독형으로 임대차계약을 맺었습니다. 처음에는 신규 법인이라는 이유로 **계좌 개설이 어렵지 않을까** 걱정했지만, 공유오피스에서 만난 다른 법인 대표님들의 경험담과 조언 덕분에 신규 법인에 **우호적인 은행을 찾을 수** 있었습니다.

은행 담당자와의 소통이 중요하다는 것을 깨달은 후, 원활한 소통을 위해 많은 노력을 기울였습니다. 이를 통해 법인 카드 발급, 대출 상담 등의 추가적인 **은행 서비스를 원활하게 진행**할 수 있었습니다.

무보수로 해두면 좋은 이유

법인을 처음 설립한 대표자로서, 초기 단계에서 가장 고민되는 부분이 있다면 바로 '급여'입니다. 많은 사람들이 급여를 받지 않으면 마치 사업이 실패할 것 같다는 두려움을 느끼지만, 사실은 무보수 운영이 초기 법인 안정성과 성장의 중요한 전략이 될 수 있습니다.

지금부터는 무보수 운영의 실질적인 장점과 제 경험을 바탕으로 한 현실적인 팁을 소개하겠습니다.

1. 무보수 운영이란 무엇인가?

무보수 운영은 법인의 대표자가 급여를 받지 않고, 사업 운영과 재투자에 집중하는 방식입니다. 이는 초기 매출이 낮거나, 자본금을 유보해 법인의 안정성을 높이려는 전략으로 적합합니다.

🏛 무보수 운영의 주요 특징

① 대표자는 개인 소득세(종합소득세) 및 원천세 부담이 없습니다.

② 법인 세금 관리가 간소화됩니다.

③ 초기 자본을 절약하고 법인 유보금을 확보할 수 있습니다.

2. 왜 무보수 운영을 선택할까?

1) 세금 부담 최소화

무보수 운영 시 대표자는 급여를 받지 않으므로 원천세와 종합소득세를 납부할 필요가 없습니다. 초기 법인 운영에서는 현금 흐름이 중요하기 때문에 세금 부담을 줄이는 것은 큰 장점입니다. 특히 직장인 신분을 유지하면서 법인을 운영한다면, 무보수 운영은 본인의 과세 구간을 유지하며 세금 효율성을 극대화할 수 있는 방법입니다.

2) 법인의 유동성 확보

법인의 유보금을 활용하여 추가 투자나 사업 확장이 가능해집니다. 미국 주식 매수, 부동산 매입, 추가 사업 아이템 실행 등 초기 법인 자본을 최대한 효율적으로 사용할 수 있습니다.

3) 대표자의 직장 유지

직장인 신분을 유지하면서 법인을 운영한다면, 굳이 급여를 받을 필요가 없습니다. 이를 통해 직장에서의 급여와 법인의 유보금을 분리해 자산을 체계적으로 관리할 수 있습니다. 직장에서 얻는 안정적인 급여는 개인의 생활비에 활용하고, 법인의 유보금은 순수하게 사업 확장과 투자로 활용할 수 있는 구조를 만들어줍니다. 이로 인해 직장과 법인이 서로 긍정적인 시너지를 낼 수 있습니다.

3. 무보수 운영을 위한 실질적인 팁

1) 정관에 급여 규정을 포함하되, 세무 신고 시에는 무보수 처리

정관에는 대표 급여에 대한 기본 규정을 포함하되, 초기 운영에서는 세무사와 협의해 대표 무보수 신청서를 제출합니다. 이를 통해 정관 변경 없이 무보수 운영이 가능합니다.

2) 세무사와의 협력

무보수 운영을 하더라도 세무 신고 과정에서 필요한 사항을 정확히 이해하고 관리해야 합니다. 신뢰할 수 있는 세무사를 통해 적절한 신고와 절세 전략을 실행하면 됩니다.

3) 향후 급여 조정의 유연성

사업이 확장되거나 매출이 증가하면 대표 급여를 설정하여 법인의 비용 처리 항목으로 활용할 수 있습니다. 초기 무보수 운영은 선택의 유연성을 확보하는 데 유리합니다.

🏛️ 무보수 운영 덕분에 다음과 같은 혜택을 얻었습니다.

① 법인의 유동성을 확보해 추가 부동산 투자와 운영 자금을 마련할 수 있었습니다.

 (열정피엠 사례) 주식회사 더프로페셔널의 무보수 운영 경험

제가 설립한 '주식회사 더프로페셔널'은 초기부터 **무보수 운영을 선택**했습니다. 당시 세무사님과 상담하며 대표 무보수 신고서를 제출했고, 이를 통해 세금 부담 없이 **법인 유보금을 쌓아 사업 확장의 발판**을 마련할 수 있었습니다.

② 종합소득세 부담 없이 직장 생활과 병행하며 법인을 안정적으로 관리할 수 있었습니다.

③ 가족법인으로 전환 시에도 절세 전략을 효과적으로 실행할 수 있었습니다.

무보수 운영은 초기 법인 설립 단계에서 직장인에게 최적화된 전략입니다. 세금 부담을 최소화하면서 법인의 안정성을 높이고, 더 나아가 사업 확장과 투자로 이어지는 발판을 마련할 수 있습니다. 하지만 모든 상황에 적합한 것은 아닙니다. 제가 생각하기에는 본업이 있는 직장인, 특히, 고소득 전문직종에 계신 분들은 굳이 처음부터 법인에서 급여를 받을 필요는 없다고 생각합니다.

개인의 재정 상황, 사업 구조, 그리고 장기적인 목표를 고려해 세무사와 긴밀히 협력하며 결정하는 것이 중요합니다. 여러분도 무보수 운영의 장점을 적극 활용해 성공적인 법인 운영의 길을 걸어가시길 바랍니다!

법인의 혈액순환 시스템, 가수금 제대로 활용하기

가수금은 초기 운영을 지원하는 강력한 도구

법인 설립 초기에는 대출 등 외부 자금을 조달하기 어렵습니다. 따라서 가수금을 활용하면 개인 자금을 법인에 투입하여 안정적인 운영을 할 수 있습니다. 가수금은 법인과 개인을 철저히 분리하면서도 유연하게 자금을 운영할 수 있는 법인 운영의 혈액순환과 같은 시스템입니다. 가수금의 가장 큰 매력은 개인 자금을 법인에 투입해 법인의 수익 창출을 도울 수 있다는 점입니다. 가수금은 그대로 개인이 다시 돌려받을 수 있습니다.

이는 법인의 수익 구조를 강화하면서도 개인 재산을 효율적으로 활용할 수 있는 전략적 도구입니다.

1. 가수금이란?

가수금은 법인 계좌에 법인의 자금이 부족할 때 대표가 개인 자금을 법인에 빌려주는 형태로, 회계상 부채로 기록되며 법인이 대표에게 빌린 돈으로 간주되기에 법인은 적절한 시점에 상환해야 할 의무를 지닙니다. 이 자금은 사업 초기의 유동성을 확보하거나, 긴급 자금이 필요할 때 유용하게 활용됩니다.

2. 가수금의 주요 장점

1) 무이자 대출

- 개인이 법인에 무이자로 대여할 수 있어 법인의 이자 부담이 전혀 없습니다.
- 특히, 법인 설립 초기에는 실적이 없으므로 부동산 담보 대출을 제외한 기타 신용 대출 등은 한도가 제한적입니다. 따라서 가수금이 더욱 중요합니다.

2) 유연한 상환

- 법인은 가수금을 언제든지 상환할 수 있습니다. 이로 인해 법인의 자금 상황에 따라 탄력적으로 운영할 수 있습니다.

3) 법인 수익 증대

- 가수금으로 운영된 자금이 법인 내에서 수익을 창출하면, 이는 법인의 이익으로 기록됩니다. 대표 개인은 자금 지원자로서 간접 이익을 누릴 수 있습니다.

4) 세무적 이점

- 법인 자금이 투명하게 관리되며, 개인과 법인의 자금을 분리하여 절세 효과를 누릴 수 있습니다.

3. 가수금 활용 사례

🏛 열정피엠의 법인 설립 초기 전략

① 법인 설립 초기, 개인 자금 2천만 원을 가수금으로 투입함
② 해당 자금으로 공유 사업에 필요한 인테리어와 초기 운영 자금을 마련함
③ 이후 공간 대여 사업으로 발생된 수익을 법인 계좌로 계속 축적하고 있음
④ 현재는 상업용 부동산까지 확장하며 법인의 자산을 꾸준히 증대하고 있음

🏛 열 정피엠의 상업용 부동산 투자

① 상가 매수 및 초기 운영
  • 법인 설립 후, 인천 청라의 1억 7,000만 원 상가를 매수함
  • 대출 75% 활용 후, 나머지 5,000만 원을 가수금으로 법인에 투입함
  • 법인 명의로 상가를 매수하여 임대수익과 자산 상승을 동시에 확보함
② 지속적인 임대수익
  • 월 임대료 90만 원 중, 대출 이자 상환 후 대략 50만 원을 법인 자산으로 계속 축적하고 있음
  • 이는 법인의 자금 흐름을 원활히 하고, 추가 투자 기회를 만들어 내는 역할을 함

③ 상가 가치 상승

- 매입 후 2년이 지난 현재, 상가의 현재 시세는 약 2억 2,000만 원. 약 5천만 원의 시세 상승이 일어남
- 법인을 통한 투자로 자산 가치가 상승하며 법인의 재정 건전성을 확보함

4. 가수금 사용 시 주의사항

1) 명확한 기록

- 가수금은 반드시 회계장부에 정확히 기록되어야 하며, 입출금 내역을 명확히 관리해야 합니다.

2) 세무 리스크 관리

- 가수금을 장기간 상환하지 않으면 세무 당국이 이를 문제 삼을 수 있습니다. 적절한 상환 계획이 필요합니다.

3) 남용 방지

- 가수금을 법인 대표의 개인 용도로 사용하는 것은 엄격히 금지됩니다.

가수금은 법인을 안정적으로 성장시키는 데 있어 없어서는 안 될 도구입니다. 이를 통해 법인의 자금을 효율적으로 관리하고, 장기적인 투자와 재테크 전략을 수립할 수 있습니다. 법인을 설립했다면 가수금을 적절히 활용하여 '성공적인 법인 운영과 재테크'라는 두 마리 토끼를 잡길 바랍니다!

반대로, 개인이 법인 돈을 빌리면?

가지급금이란 무엇인가?

가지급금은 법인이 대표자나 주주 등 개인에게 자금을 대여한 경우를 말합니다. 쉽게 말해, 법인의 돈을 개인이 빌려 쓴 것입니다. 이는 회계상 법인의 자산으로 기록되지만, 실제로는 사업과 무관한 개인적인 용도로 사용되는 경우가 많아 세무적으로 문제가 발생할 소지가 큽니다.

가지급금의 문제점

1) 법인세 부담 증가

- 세법상 가지급금은 법인의 자산으로 간주되지만, 이자 수익이 발생하지 않는 경우 익금산입 처리됩니다.
- 즉 법인세를 더 많이 납부해야 할 가능성이 생기며, 이는 법인의 재무 상태를 악화시킬 수 있습니다.

2) 이자 비용 문제

- 법인은 가지급금에 대해 세법에서 인정하는 적정 이자율(예: 4.6%)을 기준으로 이자를 받아야 하는데, 이를 받지 않으면 이자 수익 누락으로 처리됩니다.
- 반대로, 법인이 대출을 받아 가지급금을 충당했다면, 해당 대출의 이자는 법인 비용으로 인정되지 않아 세무상 불리해질 수 있습니다.

3) 가산세 부과 위험
- 세무 당국은 가지급금을 대표자의 편법 소득으로 간주해 가산세를 부과할 수 있습니다. 특히, 가지급금이 장기간 상환되지 않으면 더욱 큰 문제가 될 수 있습니다.

4) 법인의 신뢰도 저하
- 가지급금이 많은 법인은 외부에서 신뢰를 잃을 수 있습니다. 대출이나 투자 유치를 시도할 때도 부정적인 영향을 미칩니다.

가지급금은 법인의 재무 건전성을 약화시키고, 불필요한 세무 리스크를 초래할 수 있습니다. 따라서 가수금을 활용하거나, 개인 자금을 투명하게 관리하는 방식을 통해 가지급금을 예방하는 것이 중요합니다.

가수금은 법인의 성장과 유동성을 지원하는 도구로, 가지급금은 피해야 할 리스크 요인으로 이해할 수 있습니다. 가수금을 전략적으로 활용하고, 가지급금을 철저히 방지하면 법인의 재무 안정성을 높이고 사업 확장의 기틀을 마련할 수 있습니다.

또한 가수금은 법인 운영의 숨겨진 보물입니다. 반면 가지급금은 법인의 재정적 안정성을 위협하는 요소가 될 수 있습니다. 이 둘의 차이를 명확히 이해하고, 올바른 자금 관리를 통해 법인의 성공 기반을 구축하시길 바랍니다.

법카로 쏜다?
법인카드 제대로 알고 잘 사용하는 방법

법인카드는 사업 운영에 있어 가장 실용적이면서도 강력한 도구 중 하나입니다. 하지만 효과적으로 사용하기 위해서는 정확한 이해와 계획 수립이 필요합니다. 지금부터는 법인카드의 사용법, 장점, 단점, 그리고 실제 사례를 통해 법인카드를 제대로 활용하는 방법을 알아보겠습니다.

1. 법인카드 사용법(목적과 관리의 기본)

1) 목적에 맞는 사용

법인카드는 반드시 법인의 정관에 명시된 사업 목적 내에서만 사용이 가능합니다. 예를 들어, 정관에 부동산 관련 사업이 포함되어 있다면, 다음과 같이 사용할 수 있습니다:

① 부동산 임장: 식사, 음료, 공인중개사와의 미팅 비용

② 교육 및 세미나 참석: 출장비 및 간단한 교통비

③ 자료 수집: 부동산 관련 서적 및 세미나 비용

2) 사업 운영비 결제

법인카드는 법인의 일상 운영비 결제를 간소화합니다.

- 사무용품 구매 (프린터, 노트북 등)
- 광고 제작, 소모품 관리
- 공간대여 사업 관련 청소비, 광고비 등

3) 비용 정산

법인카드로 결제된 금액은 법인 계좌에서 자동 정산됩니다. 이로 인해 개인 자산과 법인 자산을 명확히 분리할 수 있어 법인 운영의 투명성을 확보하는 데 큰 도움이 됩니다.

2. 법인카드의 장점

1) 세금 절세 효과

- 법인카드로 지출한 사업 관련 비용은 법인세 공제 대상입니다.
  #example : 임장비, 회의비, 교육비 등
- 비용 정리가 체계적이어서 세무 신고 시 유리합니다.

2) 비용 관리 효율화

- 자동 기록된 사용 내역을 통해 경비 관리와 예산 수립이 용이합니다.
- 사업 지출 흐름을 명확히 파악할 수 있습니다.

3) 개인 자산과의 철저한 분리

- 법인카드 사용은 개인 자금과 법인 자금을 엄격히 분리합니다. 이는 재무 관리와 세무 리스크 예방에 있어 필수적입니다.

3. 법인카드의 단점 및 주의사항

1) 사용 제한
   - 법인카드는 반드시 사업 목적에 부합하는 지출에만 사용해야 합니다. 개인 용도로 사용하면 세무 문제가 발생할 수 있습니다.

2) 한도 제한
   - 신규 법인은 신용도가 낮아 법인카드 한도가 낮게 설정될 수 있습니다. 이 경우, 은행과의 관계를 강화해 한도를 점진적으로 늘리는 전략을 세워야 합니다.

3) 정확한 관리 필요
   - 정기적으로 카드 사용 내역을 점검해야 합니다. 개인 용도와의 혼동을 방지하는 것이 핵심입니다.

4. 열정피엠의 실제 사례(법인카드로 효과를 본 활용법)

1) 사례 1 (1인미디어 사업)
   - 세무사님과 협의하여 유튜브에 필요한 장비를 구매한 후 촬영도구로 활용함.

2) 사례 2 (부동산 임장과 미팅 비용 관리)
   - 공인중개사와의 미팅 시 식사비를 법인카드로 결제함. 이를 통해 사업 비용으로 처리하여 세금 공제 혜택을 누림.

3) 사례 3 (공유 오피스 사업 운영)
   - 사무용품(비품, 집기류 등) 및 정기 소모품 구매비를 법인카

드로 결제함. 이를 통해 운영 효율성을 높이고 법인 비용으로 처리함.

법인카드는 단순한 결제 수단을 넘어, 사업 운영의 투명성과 효율성을 극대화하는 강력한 도구입니다. 하지만 올바르게 사용하지 않으면 법적 문제나 세무 리스크로 이어질 수 있습니다. 이를 바탕으로 법인카드를 똑똑하게 사용하여 성공적으로 법인을 운영하시길 바랍니다.

4) 별도 사례 (사업 확장과 함께 활용하는 법인 차량 렌트 전략)
- 법인 설립 초기에는 차량이 필요하지 않을 수 있습니다. 하지만 사업이 확장되고, 법인의 운영 범위가 넓어지면 차량이 필요해지기 마련입니다. 이때 차량 구매보다는 렌트를 활용하는 것이 법인 운영과 세무 관리 측면에서 유리할 수 있습니다.

 법인 차량 렌트의 주요 장점

1. 비용 처리 가능
- 렌트비는 사업 업종에 따라 법인 경비로 처리가 가능하기에 세금 절감 효과를 누릴 수 있습니다.
- 보험료, 정기 점검, 유지비 등이 포함된 렌트비는 추가적인 관리 부담 없이 사업 비용으로 처리 가능합니다.

2. 초기 자금 부담 없음
- 차량 구매에 필요한 큰 자금 투입 없이 월 렌트비로 비용을 분산하여 운영이 가능합니다.

3. 유연성 확보

- 필요에 따라 차량 모델을 변경하거나 계약을 종료할 수 있어, 사업 변화에 맞춘 유연한 운영이 가능합니다.

4. 관리의 간편함

- 렌트 계약에 포함된 보험, 점검, 수리 서비스는 차량 관리를 더욱 간소화합니다.

렌트비를 법인 비용으로 처리하려면?

1. 정관에 명시된 사업 목적 확인

- 차량 렌트가 법인의 사업 목적에 부합해야 합니다.

  #example : 차량 렌트가 필요한 명확한 목적이 필요(대부분 업종에서 차량 렌트가 가능하나, 영업을 필요로 하는 업종이 유리함)

2. 법인카드로 결제

- 렌트비는 법인카드로 정기 결제하면 비용 처리가 용이하며, 개인 자금과 명확히 분리할 수 있습니다.

3. 운행일지 작성

- 차량 사용이 사업 목적임을 증빙하기 위해 간단한 운행일지를 작성하여 세무 리스크를 방지합니다.

법인 운영에 있어 '절세'는 단순히 비용을 줄이는 것을 넘어, 회사의 재무 건전성과 지속 가능성을 보장하는 핵심 요소입니다. 절세 전략을 효과적으로 수립하면, 보다 많은 자금을 사업 확장과 투자에 활용할 수 있습니다. 하지만 절세가 과도한 비용 지출로 이어지면, 법인의 순이익이 줄어들고 장기적으로 악영향을 미칠 수 있습니다. 따라서 효율적이면서도 합리적인 지출이 중요합니다.

법인의 절세 구조(근로소득자와의 차이)

1. 법인의 세금 구조는 근로소득자와 근본적으로 다릅니다.

- 근로소득자: 급여에서 세금을 먼저 뗀 후 남은 금액으로 생활함.
- 법인: 사업과 관련된 비용을 처리한 후 남은 이익에 대해 세금을

납부함. 이러한 구조의 차이는 법인이 절세 전략을 통해 자금을 효율적으로 관리하고, 사업 성장에 활용할 수 있음을 보여줍니다. 법인의 절세는 단순히 '돈을 아끼는 방법'이 아닙니다. 회사의 재정을 최적화하고, 지속 가능한 성장을 위한 도구입니다.

2. 절세를 위한 주요 비용 항목

1) 업무 관련 비용 처리

- 법인은 사업과 관련된 모든 지출을 비용으로 처리할 수 있습니다.
- 대표적인 항목: 임대료, 인건비, 복리후생비, 업무 접대비, 감가상각비

  # example: 부동산 투자 법인은 임장비용, 공인중개사 미팅비용 등을 법인카드로 처리할 수 있음. 미국 주식 거래 시에는 환전 수수료 경비 처리가 가능함

2) 대표자 급여 활용

- 대표 급여는 법인 운영이 안정된 이후부터 활용하는 것이 좋음
- 추후 대표 급여가 발생하면, 비용으로 처리하여 법인세 부담을 낮추는 효과를 누릴 수 있음

Tip

초기에는 무보수 전략으로 자금을 유보하고, 이후 필요에 따라 성과급 등으로 조정함

3) 감가상각비

- 법인 명의로 취득한 자산에 대한 것으로, 감가상각을 통해 장기적인 비용 처리가 가능함
- 이는 부동산, 차량, 사무기기 등 다양한 자산에 적용 가능함

4) 복리후생비 활용

- 임직원의 복지 향상을 위한 비용은 복리후생비로 처리 가능함
  #**example** : 사무용품, 간식비, 교육비 등

5) 가수금 활용

- 가수금을 통해 법인에 자금을 투입하고, 이를 통해 창출된 수익은 법인의 재무 건전성을 높이는 데 기여함

3. 절세를 위한 비용 관리의 원칙

1) 비용과 순이익의 균형

- 법인의 모든 비용은 사업 성장을 위한 투자라는 관점에서 검토함
- 무분별한 비용 증가는 법인의 순이익 감소로 이어질 수 있으므로 합리적인 지출이 중요함

2) 효율적인 비용 관리

- 비용 처리와 순이익 간의 균형을 유지하며, 장기적인 성장을 목표로 비용을 활용함
- 예산 수립과 지출 계획은 세무사와 협의하여 진행함

4. 절세와 성장을 동시에 잡은 사례

1) 사례 1 (열정피엠의 공간대여사업)

- 비용 처리 : 사무 비품과 관리비를 철저히 비용으로 처리해 법인세 부담 최소화함
- 수익 확대 : 온라인 예약 시스템 구축 비용을 경비로 처리하고, 매출을 증가시킨 사례

2) 사례 2 (부동산 투자)

- 감가상각 활용 : 상업용 부동산을 매수하고 감가상각비를 통해 비용 처리함
- 임대수익 : 임대수익을 통해 법인의 순이익을 꾸준히 증가시킴

3) 사례 3 (복리후생비 활용)

- 복지 향상 : 1인 대표지만, 법인으로 성과가 있을 경우 보상 차원에서 식사함
- 법인 매출 향상을 위한 마케팅 교육비 지출 등

5. 절세는 수단, 목표는 성장

- 절세는 단순히 세금을 줄이는 데 그치지 않습니다. 효율적인 비용 관리와 수익 개선을 통해 법인의 재무 건전성을 유지하고, 이를 사업 확장과 재투자에 활용하는 것이 절세의 진정한 목표입니다.
- 법인의 절세 전략은 단기적인 이익을 넘어, 장기적인 성장을 위한 필수 도구입니다.

6. 절세와 법인 운영의 마지막 메시지

1) 합법적인 절세 전략 수립

- 세법을 준수하면서 체계적인 절세 전략을 실행하는 것이 핵심입니다.
- 과도한 비용 처리나 세금 회피 시도는 세무조사 및 과징금 부과의 위험을 초래할 수 있습니다.

2) 전문가와의 협력

- 세무사와 협력하여 비용 구조와 세금 전략을 정기적으로 점검합니다.
- 세금 신고와 관리의 투명성을 유지하며, 법인의 지속 가능성을 확보합니다.

3) 절세는 법인의 생명

- 절세는 비용을 줄이는 것을 넘어, 법인의 운영 자금을 최대한 활용할 수 있게 해줍니다.
- 사업의 성장과 확장을 위한 든든한 기반을 마련합니다.

법인 운영에서의 모든 비용은 성장의 발판입니다. 합리적인 지출과 효율적인 절세 전략을 통해 법인을 건강하고 지속 가능한 구조로 성장시키시길 바랍니다. 절세는 법인의 생명이자, 성공의 기반이 될 것입니다.

합리적인 비용은 투자다.
그리고 절세는 전략이다 냥

가족법인을 향한 힘찬 발걸음

모든 부모의 꿈,
자녀에게 좋은 자산을
물려주고 싶다!

가족법인,
무엇이 특별한가?

 자녀에게 좋은 자산을 물려주고 싶다!

부모라면 누구나 자녀에게 좋은 자산을 물려주고 싶다는 꿈을 꾸실 겁니다. 하지만 단순히 부동산이나 현금 같은 물질적인 자산을 물려주는 것만으로는 충분하지 않습니다. 스스로 자산을 관리하고 증식할 수 있는 능력을 물려주는 것이야말로 부모의 가장 큰 책임 아닐까요?

저 역시 두 아이를 둔 40대 가장으로서, 저의 아이들이 경제적으로 독립하고, 자산을 현명하게 관리할 수 있는 사람으로 성장하길 바라는 마음을 가지고 있습니다. 그렇기에 재테크와 투자 공부를 멈추지 않고 있습니다. 그렇다면, 이런 바람을 이루기 위한 가장 효과적인 방법은 무엇일까요?

그 답은 바로 가족법인입니다.

가족법인은 자녀와 배우자가 주주로 참여하여 함께 자산을 관리하고 성장시킬 수 있는 가장 강력한 시스템 중 하나입니다. 이를 통해 단순히 자산을 물려주는 것을 넘어, 자녀가 자산을 제대로 이해하고 운영할 수 있도록 돕는 교육적 기회까지 제공합니다.

가족법인의 기본 개념

가족법인은 이름 그대로 가족이 함께 주주로 참여하는 법인을 의미합니다. 초기에는1인 법인으로 시작해 혼자 사업을 운영하지만, 가족법인으로 전환하면 배우자와 자녀가 주주로 참여하면서 자산을 함께 관리할 수 있습니다. 또한 가족의 신뢰를 바탕으로 안정적이고 장기적인 경영이 가능하며 협력을 통해 자산의 효율성을 극대화할 수 있습니다.

가족법인의 특별한 장점

1. 모든 부모의 꿈을 이루는 자산 관리

- 법인은 개인보다 자산을 체계적으로 관리하고 증식하는 데 훨씬 유리한 구조를 가지고 있습니다. 예를 들어, 부동산이나 주식을 법인 명의로 보유하면 관리가 더 쉽고 절세 효과도 큽니다.
- 가족법인은 이를 더욱 발전시켜, 자녀에게 자산을 물려주는 동시에 운영 능력을 길러주는 경제 플랫폼 역할을 합니다.

2. 자녀 경제교육의 효과

가족법인은 자녀가 단순히 자산을 물려받는 것을 넘어, 자산이 어떻게 관리되고 성장하는지 직접 경험하고 배울 기회를 제공합니다. 저는 자녀를 가족법인의 주주로 참여시켜 주주와 주식의 기본개념을 알려주고 있으며, 유망한 회사의 주식을 매수함으로 간접 사업의 기회를 제공하고 있습니다. 이를 통해 자산 관리와 투자의 중요성을 스스로 깨닫도록 돕고 있습니다. 이 과정을 통해 자녀는 돈의 흐름을 배우고, 부자 마인드를 갖춘 경제적 독립의 첫걸음을 시작할 수 있습니다.

3. 장기적이고 안정적인 가족 경영

법인은 가족 간 신뢰를 바탕으로 한 협력 구조를 만들기 때문에, 외부 투자자나 파트너와의 갈등에서 자유롭습니다. 가족이 함께 장기적인 목표를 공유하며 운영하므로 트러블이 적고 안정적입니다.

4. 효율적인 자산 승계와 절세 효과

자산 승계는 많은 부모가 고민하는 부분입니다. 가족법인은 자녀에게 주식을 증여하거나 부동산을 법인 명의로 보유하여 세금을 줄이고, 자산을 체계적으로 물려줄 수 있는 최적의 도구입니다. 특히, 법인을 통한 부동산 투자는 세금 부담이 적고, 법인 명의의 자산 관리는 개인 소유보다 훨씬 유리한 면이 많습니다.

왜 가족법인인가?

가족법인은 단순히 자산을 물려주는 수단이 아닙니다. 부모의 자산을 가족 전체가 함께 관리하고, 자녀가 이를 체계적으로 배워나가도록 돕는 도구입니다. 부모로서 자녀에게 남겨줄 수 있는 가장 큰 유산은 돈이 아니라, 그 돈을 스스로 관리하고 성장시킬 수 있는 능력과 마인드입니다.

🏛 열정피엠의 가족법인 경험

저는 처음부터 가족법인을 운영한 것은 아닙니다. 1인 법인으로 시작했으나 세무사님 조언에 따라 배우자와 자녀를 주주로 참여시켜 가족법인으로 전환했습니다. 이 과정에서 가족 간 협력이 자연스러워졌습니다. 아이들은 경제적 독립심을 키우며 자산 관리의 중요성을 배우게 되었습니다.

가족법인은 부모와 자녀가 함께 성장할 수 있는 새로운 재테크 도구입니다. 다음으로는 '1인 법인에서 가족법인으로 전환하는 과정'에 대해 다루겠습니다. 보다 현실적이고 효과적인 가족법인 운영 전략을 제시해드리겠습니다.

❝

가족이 함께 키우는 자산의 힘
그 특별한 여정을 시작해 보십시오

❞

1인 법인 vs 가족법인

1인 법인을 운영하며 재테크를 시작한 많은 분들이 어느 순간 '이제 가족법인으로 전환할 때가 아닐까?'라는 생각을 하게 되실 것입니다. 저 역시 40대 가장으로서 처음에는 1인 법인으로 시작했지만, 사업과 자산이 성장하며 가족법인을 생각하게 되었습니다. 가족법인으로 전환하는 과정에는 수많은 고민과 결정이 있었죠. 지금부터는 1인 법인에서 가족법인으로 전환하는 구체적인 방법과 그 이유에 대해 자세히 살펴보겠습니다.

왜 1인 법인부터 시작해야 할까?

많은 분들이 처음부터 가족법인을 설립하는 것은 복잡하고 어렵게 느낍니다. 가족법인은 주주 구성, 절세 전략, 법률적 고려 사항 등 신경 써야 할 부분이 많다고 생각하기 때문입니다. 특히 미성년 자녀가 주주로 참여할 경우, 세금 문제나 사회적 시선을 우려하는 분들이 많습니다. 그래서 저는 1인 법인으로 먼저 시작하여 실행 경험을 쌓고, 어느 정도 매출이 안정되거나 부동산 투자 등 큰 자산을 매수할 시점이 오기 전, 가족법인으로 전환하는 것을 추천합니다.

왜 가족법인 전환이 필요할까?

1인 법인은 설립과 운영이 간단하여 개인의 자산과 재테크를 관리하기에 매우 적합합니다. 하지만 시간이 지나면서 사업이 확장되면 자산 규모가 너무 커지기 전에 가족법인으로 전환하는 것이 훨씬 유리합니다.

왜 빠른 가족법인 전환이 필요할까요?

1. 자산 증식의 효율성

1인 법인의 자산이 증가하고 매출이 오르기 시작하면, 주식의 가치도 함께 상승합니다. 주식 가치가 높아지면, 이후 주식을 증여할 때 증여세 부담이 커질 수 있습니다. 따라서 법인의 규모가 커지기 전에 빠르게 가족법인으로 전환하면 절세 효과를 극대화할 수 있습니다.

2. 주식 증여의 절세 효과

가족법인 전환은 주식 증여를 통해 자연스럽게 이루어지는데, 이때 증여세 공제 한도(배우자 6억 원, 자녀 5천만원, 미성년자인 경우 2천만 원)를 활용할 수 있습니다. 미리 증여를 진행하면, 자녀에게 자산을 효과적으로 물려줄 수 있으며, 추가적인 세금 부담도 피할 수 있습니다.

3. 가족의 참여와 경제교육

자녀가 가족법인의 주주로 참여하면 단순히 자산을 소유하는 것을 넘어, 법인의 구조와 자산 관리 방식을 이해하게 됩니다. 이를 통해 자녀는 경제적 사고와 책임감을 배우며, 가족법인의 자산 관리에 적극적으로 참여할 수 있습니다.

4. 승계 준비와 자산 보호

가족법인은 자산을 체계적으로 관리하면서도, 자녀에게 자연스럽게 승계할 수 있는 강력한 도구입니다. 법인 구조를 활용하면 더욱 효과적으로 자산을 보호하고, 장기적인 사업 기반을 마련할 수 있습니다.

🤵 가족법인 전환의 핵심(증여를 통한 주식 이동)

가족법인으로 전환하는 가장 간단하면서도 효과적인 방법은 주식 증여입니다. 이를 통해 배우자와 자녀를 법인의 주주로 참여시킬 수 있습니다. 증여는 투명한 절차와 간단한 서류 작업으로 이루어지며, 절세와 자산 승계를 동시에 실현할 수 있습니다.

1. 주식 증여의 단계별 과정

🏛 현재 법인 상태 점검

① 법인의 자본금, 총 주식 수량, 주당 가치를 확인합니다.

② 법인이 아직 성장 초기 단계에 있다면 주식 가치가 낮아 증여세 부담을 최소화할 수 있습니다.

🏛 증여 계획 수립

① 배우자와 자녀에게 각각 증여할 주식 수와 증여 금액을 결정합니다.

② 증여세 면제 한도를 고려해 부담 없이 진행할 수 있도록 합니다.

③ 배우자: 6억 원까지 공제

④ 자녀: 5천만 원까지 공제 (10년기준)

⑤ 예시:

> # example: 법인 자본금 1,000만 원, 총 주식 10,000주 → 1주당 1,000원
>
> : 배우자 → 3,000주(300만 원)
>
> : 자녀 1 → 2,000주(200만 원)
>
> : 자녀 2 → 2,000주(200만 원)

🏛 증여 계약서 작성 및 신고

① 증여 계약서를 작성하여 법적 효력을 확보합니다.

② 세무사와 협력하여 증여세 신고를 진행합니다.

③ 증여 금액이 면제 한도를 초과하지 않으면 세금 부담 없이 가족법인 전환이 가능합니다.

🏛 주식 이동 후의 관리

① 주식 증여가 완료되면 가족 구성원들은 법인의 정식 주주로 참여하게 됩니다.

② 법인의 주주명부를 업데이트하고, 법인의 지분 구조를 정리합니다.

③ 이 과정에서 법인 등기 변경은 필요하지 않지만, 주주 구성의 변화는 내부 기록으로 관리합니다.

2. 증여 후 가족법인의 변화

증여를 통해 가족 구성원이 법인의 일원이 되며, 법인의 자산 관리와 사업 운영에 자연스럽게 참여하게 됩니다. 자녀들은 경제적 책임감을 배우고, 부모와 함께 법인의 미래를 설계할 기회를 얻게 됩니다.

3. 결론

빠른 가족법인 전환은 절세, 자산 승계, 경제교육이라는 세 마리 토끼를 잡을 수 있는 중요한 전략입니다. 주식 증여를 투명하고 체계적으로 진행하면 가족법인 운영이 한결 수월해질 것입니다.

가족법인의 주주 구성 비율 전략

가족법인에서 주주 구성 비율은 중요한 결정 사항입니다. 아래는 주주 구성의 대표적인 예시입니다.

1) 균등 분배형

- 아빠 30% | 엄마 30% | 딸 20% | 아들 20%
- 안정적이고 가족 모두가 동등하게 참여

2) 자녀 중심형

- 아빠 20% │ 엄마 20% │ 딸 30% │ 아들 30%
- 자녀의 자산 축적에 초점을 맞춤

3) 자녀 집중형

- 아빠 10% │ 엄마 10% │ 딸 40% │ 아들 40%
- 부모 지분을 최소화하고 자녀에게 더 많은 지분을 배정

미성년자 주주에 대한 오해와 진실

많은 분들이 미성년자가 주주로 등록될 시 세무조사 등의 리스크가 생기지는 않을지를 우려합니다. 그러나 투명한 증여 절차를 진행하면 전혀 문제가 되지 않습니다.

미성년자 주주의 장점

1) 경제교육 효과

자녀가 법인의 주주로 참여하며 사업 운영과 자산 관리에 대해 자연스럽게 배우게 됩니다.

2) 절세 전략 강화

증여를 통해 미리 자산을 이전하면 향후 증여세와 양도세 부담을 줄일 수 있습니다.

Tip

초기에는 부모가 50% 이상의 지분을 유지하는 것이 대출 심사나 법인 운영에 있어 유리합니다.

대출과 관련한 주의 사항

가족법인으로의 전환 후 부동산 투자 등을 계획한다면, 대출 심사에서 가족법인의 지분 구조가 영향을 미칠 수 있습니다.

- 미성년자 지분 비율이 높으면 심사가 까다로워질 수 있습니다.
- 대표자는 가족 중 소득이 가장 높은 사람으로 설정하는 것이 유리합니다.

 (열정피엠 사례) 1인 법인에서 가족법인으로! 자산 증식의 지름길

> **1인 법인은** 초기 자산 관리와 **재테크의 좋은 도구**입니다. 하지만 시간이 흐름에 따라 자산이 성장하고 **가족의 경제적 목표를** 공유하고 싶다는 생각이 든다면, **가족법인으로 전환**하는 것이 최적의 선택입니다. 가족법인을 통해 자산을 체계적으로 관리하고, 자녀에게 물려주는 과정을 효율적으로 설계하세요.

**가족법인을 통한
자녀 경제교육**

경제교육, 부모의 역할이 중요하다

학교에서는 자녀들에게 돈의 흐름이나 자산 관리에 대해 제대로 가르치지 않습니다. 그러나 자녀가 성장하며 세상과 돈의 원리를 배우는 일은 무척 중요합니다. 이 책을 읽는 독자분들 역시 부모로서, 자녀에게 올바른 경제 관념과 자산 관리 능력을 물려주고 싶으시겠죠? 저역시 그러했습니다.

저는 가족법인을 활용해 자녀의 경제교육을 시작했습니다. 처음에는 경제신문을 읽고 간단하게 돈의 흐름을 설명하는 정도였지만, 점점 더 실질적인 교육으로 발전시켰습니다. 아이들에게 '우리 가족이 함께 소유하는 회사'라는 개념을 심어주며, 자연스럽게 경제를 가르치기시작한 것이죠.

1. 가족법인이 주는 자부심('우리 회사'의 주주가 되다)

가족법인은 자녀들에게 '내가 우리 회사의 주주'라는 자부심을 심어줍니다. 매주 일요일, 우리 가족은 주주 회의를 열었습니다. "이번 달 회사의 수익은 얼마이고, 다음 투자는 무엇을 할까?"를 주제로 아이들과 이야기를 나눴습니다. 아이들은 의견을 내고, 부모와 동등하게 회의에 참여하며 경제적 책임감을 배웠습니다. 주주 회의는 가족 간의 유대감을 강화하는 계기가 되었습니다. 자녀들이 '우리 회사의 주주'로 성장하는 모습을 보며 부모로서 큰 보람을 느꼈습니다.

다음은 가족 주주 회의 때 저와 둘째 아들이 실제로 논의한 대화 내용입니다.

 둘째 아들 : 아빠, 어제 학원에서 월세 90만 원 들어왔어?

 열정피엠 : 응, 들어왔어.

 둘째 아들 : 아빠 그거 나 줄 거야?

 열정피엠 : 아니….

 둘째 아들 : 그럼?

 열정피엠 : 가족회사에 잘 쟁여두고 재투자할 거야. 미국 주식 살까?

 둘째 아들 : 디즈니도 주식 살 수 있어?

 열정피엠 : 있을 것 같은데, 같이 찾아볼까?

이것이 바로 찐 경제교육이 아닌가 싶습니다. 직장인이지만, 가족법인을 운영하기 잘 했다는 생각이 들 때가 바로 이런 순간입니다.

2. 경제교육을 놀이처럼(투자와 자산 관리의 재미)

가족법인을 통해 자녀들과 함께 주식과 부동산에 투자하며 경제를 가르치기 시작한 저의 사례를 조금 더 소개하겠습니다.

❝

중학생 딸은 애플 생태계와 관련된 다양한 정보를
스스로 조사했습니다. 딸은 아이폰과 아이패드를 쓰며,
애플의 제품이 일상 속에서 어떻게 활용되는지 분석하며
투자 아이디어를 떠올렸습니다.
'애플이 전기차 시장에 진출하면, 기존의 생태계와
어떤 시너지를 낼까?'라는 질문으로 깊이 있는
탐구를 이어갔습니다.

❞

❝

초등학생 아들은 숫자에 관심이 많아
수학적인 개념을 활용한 투자 분석을 시작했습니다.
크록스 주식을 예로 들어, '신발 한 켤레가 얼마에 팔리고,
이때 회사는 얼마나 벌까?'를 계산하며,
수익 구조를 이해했습니다.

❞

3. 독자를 위한 실질적인 팁

아이들에게 경제 개념을 어렵지 않게 풀어주는 것이 중요합니다.

- 자본금: "회사를 시작할 때 필요한 씨앗 돈이야."
- 주식: "우리 회사의 조각을 나눠 가진 거야."
- 주주: "주식을 가진 사람은 회사의 주인이야. 너도 주인이야!"

가족별 역할 나누기

가족법인을 운영하며 아이들에게 작은 역할이라도 부여하면 경제적 책임감을 키울 수 있습니다.

- 부모는 대표이사와 감사로, 아이들은 주주로 참여하게 합니다.
- 주주 회의에서 투자 아이디어를 내거나, 간단한 보고서를 작성하는 등 책임감을 가질 수 있게 하는 역할을 부여해 보는 것도 좋은 방법입니다.

투자 경험을 교육에 활용하기

실질적인 투자를 통해 경제교육을 진행하면 효과가 큽니다.

- 부동산: 임대 수익과 자산 관리의 개념을 가르칠 수 있습니다.
- 주식: 아이들이 관심을 보이는 회사에 직접 투자하며 기업의 성장을 관찰하게 하세요.

 (열정피엠 경험) 실생활에서 배우는 경제

> **"우리 회사가 소유한 상가에서 임대료가 매달 들어오는데, 대출 이자를 빼면 얼마가 남을까?" 아들은 이런 계산을 직접 하며 돈의 흐름을 배웠습니다.** 이러한 과정을 통해 자산이 단순히 쌓이는 것이 아니라, 관리와 투자로 증식된다는 사실을 깨닫게 되었습니다.

예를 들어, 애플 주식에 투자하게 한 후 '이 회사가 왜 돈을 벌고 있는지'를 설명하고, 주가 변동성을 학습할 기회를 제공합니다.

📜 장기적인 목표 설정

가족법인을 통해 얻은 수익은 향후 아이들에게 배당금을 지급하거나, 학자금 등 가족 전체의 장기적 목표를 위해 활용할 수 있습니다. 이를 통해 아이들은 재무 계획의 중요성을 자연스럽게 배우게 됩니다.

4. 가족법인을 활용한 경제교육의 장점 요약

1) 자산 관리 능력 배양

돈의 흐름을 이해하며 자산 관리 능력을 키울 수 있습니다.

2) 부모와 자녀 간 유대 강화

주주 회의와 투자 결정을 함께 하며 가족의 경제적 유대감을 높일 수 있습니다.

3) 실질적 교육

단순히 교과서에서 배우는 이론이 아닌, 실제 투자와 자산 관리를 경험할 수 있습니다.

4) 장기적인 절세와 자산 승계

아이들이 성장하며 자연스럽게 자산 승계 준비를 할 수 있습니다.

 (열정피엠 경험) 아이들의 미래를 위한 투자

가족법인은 단순히 법인의 형태를 넘어, **아이들과 함께 경제를 배우고 성장할 수 있는 도구**입니다. 이를 통해 자녀는 자산 관리의 실질적 경험을 쌓고, 부모는 자녀와 함께 더 나은 미래를 설계할 수 있습니다.

가족법인을 활용한
부동산 투자

부동산 투자는 재테크의 기본이자 필수입니다. 하지만 투자 과정에서 상속, 증여, 대출 등의 현실적 문제가 발생할 수 있습니다. 특히 자녀에게 자산을 물려주고 싶어도, 증여세와 각종 세금으로 인해 어려움을 겪는 경우가 많습니다. 그렇다면, 이런 문제를 가족법인을 통해 해결할 수 있다는 사실을 알고 있으신가요? 가족법인은 부동산 투자에 있어 단순한 선택이 아닌 필수 전략으로 자리 잡았습니다.

1. 개인 투자와 법인 투자 비교

부동산 투자의 첫 단계에서 개인 명의와 법인 명의의 차이를 이해하는 것이 중요합니다. 아래 표는 개인과 법인 투자 시의 주요 차이를 보여줍니다. 통상, 법인 경우 개인보다 대출을 받는 것에서도 유리하며 세금적에서도 합법적인 절세 재테크도 가능합니다.

항 목	개인투자	법인투자
투자 대상	꼬마빌딩(20억 원)	꼬마빌딩(20억 원)
대출 비율	50%(10억 원)	75%(15억 원)
필요 자금	10억 원	5억 원
아이 지분 증여	각 2억 원 증여 → 증여세 발생	주식 증여(증여세 없음)
수익(건물 가치 상승)	25억 원으로 상승 시 5억 원 차익	25억 원으로 상승 시 5억 원 차익
세금	증여세(추정) + 양도세	법인세(9~25%) + 배당세(선택적)
절세 혜택	제한적	주식 증여로 절세 가능

2. 사례로 보는 가족법인의 투자 전략

스텝 1) 아이들 주식 증여를 통한 절세

가족법인을 세팅한 후, 자본금 1,000만 원으로 주식 10,000주를 발행했습니다.

- 배우자: 30% (3,000주)
- 첫째 자녀: 20% (2,000주)
- 둘째 자녀: 20% (2,000주)

주당 가치는 자본금 기준으로 1,000원이므로, 주식을 증여하더라도 증여세가 발생하지 않습니다. 이후 법인이 20억 원짜리 꼬마빌딩을 매입했고, 건물 가치가 25억 원으로 상승하자 아이들도 자연스럽게 자산 가치 상승의 혜택을 누렸습니다.

스텝 2) 대출 활용 극대화

상업용 부동산 경우 개인에 비해 법인이 대출 비율이 높아 통상 더 적은 자본으로도 투자가 가능합니다.

- 개인 투자: 10억 원 필요 (대출 50% 가정)
- 법인 투자: 5억 원 필요 (대출 75% 활용 가정)

부족한 5억 원은 대표가 법인에 가수금으로 대여하여 자금을 유연하게 조달했습니다.

스텝 3) 수익 배분의 유연성 (향후 법인에서 발생한 수익을 주주 개인으로 배당이 정말 필요한 때가 올 경우)

법인이 소유한 부동산의 임대 수익과 매도 차익은 주주 구성 비율에 따라 배당 가능합니다. 배당하지 않고 법인 자산으로 축적하면 법인세만 부담하면 되며, 배당 시에도 개인소득세보다 유리한 세율로 관리가 가능합니다.

3. 가족법인을 통한 부동산 투자의 3가지 장점

1) 상속·증여 문제 해결

부동산 자체를 증여할 때보다 주식을 증여하는 방식이 훨씬 간단하며, 절세 효과도 뛰어납니다.

2) 투자 규모 확대

높은 대출 비율과 가수금을 활용하면 더 큰 규모의 투자가 가능합니다. 이는 개인 투자로는 어려운 일입니다.

3) 자산 가치를 키우는 교육 기회

가족법인을 통해 자녀에게 주식, 부동산, 재테크에 대해 실질적인 교육을 제공할 수 있습니다. 아이들은 주주로 참여하며 경제적 사고와 책임감을 키웁니다.

4. 한 걸음 더 나아가기

가족법인을 활용한 부동산 투자는 단순히 절세와 대출의 문제를 넘어, 가족 전체의 자산 관리 및 성장에 기여합니다. 이 방법은 특히 장기적인 자산 승계와 경제교육에 탁월한 효과를 발휘합니다. 가족법인을 통해 부동산 투자에서 직면하는 복잡한 문제들을 해결하고, 자산 관리와 승계까지 효율적으로 이루어 보시기 바랍니다.

미국 주식 투자? 그냥 돈 버는 것 아닌가요?

아닙니다. 미국 주식에 투자한다는 건 단순히 주식을 사는 것이 아니라, 글로벌 기업의 주인이 되어 그들의 성과를 함께 누리는 '간접 사업'입니다. 특히 가족법인을 활용하면 자녀들도 자연스럽게 이 과정에 참여할 수 있어 경제교육과 가족의 협력이라는 두 가지 목표를 동시에 이룰 수 있습니다.

1. 간접 사업으로서의 미국 주식 투자

법인을 활용한 미국 주식 투자는 단순한 개인 투자와 다릅니다. '글로벌 기업의 주주가 된다'는 자부심과 함께 가족 모두가 간접적으로 사업을 경험하는 기회를 얻을 수 있습니다.

 법인 투자와 개인 투자의 차이점

구 분	개인 투자	법인 투자
양도소득세	22%(양도차익 과세)	9.9%(법인세율)
배당소득세	15.4%(지방세 포함)+추가 종합소득세	배당금 법인 내 유보 가능
환율 리스크	환율 변동에 따라 손익 발생	동일, 환율 관리 전략 필요
투자 가능 금액	**개인 자산 한정**	**법인 자본금+가수금 활용 가능**

●●

법인을 활용하면 낮은 법인세율(9.9%)로
수익을 관리할 수 있고, 손실이 나더라도 이월 공제를 통해
다음 해 수익과 상쇄할 수 있는 장점이 있습니다.

●●

2. 법인 투자(가족과 함께 시작하는 방법)

첫걸음(작은 자본금으로 법인 설립)

- 자본금 1,000만 원으로 법인을 설립합니다.
- 이후, 가수금을 활용하여 추가 자금을 유연하게 조달할 수 있습니다.
  #example : 자본금 1,000만 원 + 가수금 500만 원 → 총 1,500만 원 투자 가능

3. 간단한 투자 사례(가족이 함께하는 간접 사업)

🏛 설정 상황

- 설립: 자본금 1,000만 원 + 가수금 500만 원 투입
- 투자 규모: 총 1,500만 원 → 애플, 테슬라, 디즈니 각각 500만 원씩 분산 투자
- **결과: 1년 후, 주식 가치 20% 상승하여 총 1,800만 원이 됨**

🏛 세금 비교

- 개인 투자: 양도소득세 22% → 300만 원 수익 중 약 66만 원을 세금으로 납부
- 법인 투자: 법인세율 9.9% → 300만 원 수익 중 약 30만 원을 세금으로 납부
- **결론: 법인 투자로 약 36만 원 절세 효과 (법인으로 재투자 경우)**

🏛 가족 참여의 효과

- 중학생 딸: "애플 생태계는 정말 대단해요!"
  - → 애플의 주가 상승 요인을 직접 조사하며 경제 분석 능력이 향상됨
- 초등학생 아들: "디즈니는 사람들이 많이 가니까 수익이 좋을 거 같아요."
  - → 디즈니랜드 방문 경험과 콘텐츠 소비 습관이 자연스럽게 경제적 사고로 이어짐

4. 법인 투자에서 직장인과 가족이 기억해야 할 팁

1) 적은 금액으로 시작하세요

- 법인 설립과 투자는 큰돈이 없어도 시작할 수 있습니다.
- 처음에는 최소한의 수익 목표로 시작해 보셔도 좋습니다.

2) 아이들에게 역할을 부여하세요

- 아이들에게 '우리 회사의 주주'라는 자부심을 심어주세요.
- 주주 회의를 통해 투자 방향을 논의하고, 주식 상승 이유를 조사하게 하면 자연스러운 경제교육이 이루어집니다.

3) 환율 리스크 관리하기

- 달러 환율이 낮을 때 외화 계좌에 환전해 두세요.
- 매일 경제신문을 통해 환율 변동을 체크하는 연습을 기르면 좋습니다.

4) 세금 신고는 전문가와 함께

- 미국 주식 투자와 관련된 세금 신고는 기장 담당 세무사와 상담하세요.
- 세무사의 도움을 받아 세율과 공제를 최대한 활용할 수 있습니다.

5. 가족법인과 간접 사업의 진정한 매력

미국 주식에 투자하는 것은 단순히 수익을 얻는 것 그 이상의 의미를 가집니다. 글로벌 기업의 일원이 되는 경험을 하고, 자녀들과 함께 자산을 키우며 경제를 배우는 기회를 제공합니다. 특히 법인을 통한 투자는 직장인이 기업가 마인드를 갖추고 큰 자산 관리로 나아갈 수 있게 하는 첫걸음이 됩니다.

6. 결론(가족과 함께 시작하는 간접 사업)

법인을 통한 미국 주식 투자는 단순히 주식을 사고파는 것을 넘어, "미국 주식 투자로 글로벌 기업의 성장을 공유하고, 가족과 함께 자산을 키우며 미래를 설계하는 경험은 돈 이상의 가치를 제공합니다."

🏛 **법인 투자에서 손실과 이익의 상쇄, 이렇게 활용하세요!**

이는 법인으로 사업과 투자를 함에 있어 장점 중에 장점이 아닐까 싶습니다. 미국 주식 투자를 할 때, 가장 중요한 장점 중 하나가 '법인의 손실 상쇄 기능'입니다. 이는 개인 투자와 법인 투자에서 큰 차이를 만드는 핵심 요소입니다.

1) 개인 투자와의 차이점

개인으로 미국 주식에 투자하면, 투자에서 손실이 발생했을 경우 이를 다음 해로 넘겨서 상쇄할 수 없습니다. 다시 말해, 올해 손실이 나도 내년의 수익과 상계되지 않고 그대로 손실로 남아버립니다. 반면, 법인으로 투자하면 상황이 달라집니다.

2) 법인의 손실 상쇄 시스템

법인은 이익과 손실을 이월하여 계산할 수 있습니다. 즉 당해 연도에 손실이 발생했다면, 이를 다음 해의 수익과 상쇄하여 세금 부담을 줄일 수 있습니다.

🦁 예를 들어볼까요?

1) 개인 투자

- 올해 손실: -500만 원
- 내년 수익: 1,000만 원
- **결과: 내년의 1,000만 원 수익에 대해 세금(22%)을 모두 내야 함 → 세금 약 220만 원 발생**

2) 법인 투자

- 올해 손실: -500만 원
- 내년 수익: 1,000만 원
- **결과: 내년 수익 1,000만 원에서 올해 손실 500만 원을 상쇄 → 과세 대상 수익: 500만 원**
- 세금(법인세율 9.9%): 약 49만 5천 원 발생

대략적인 계산이지만, 법인은 약 170만 원의 세금을 절약할 수 있습니다.

🦁 손실 상쇄가 중요한 이유

1) 장기적 투자 안정성 제공

- 투자 손실이 나더라도 법인에서는 이를 활용해 세금 부담을 줄일 수 있으므로, 보다 장기적인 관점에서 투자를 이어갈 수 있습니다.

2) 법인의 유연한 자금 운용

- 손실이 발생해도 부담을 줄이고, 이월된 손실을 기반으로 다음 투자 계획을 세울 수 있습니다.

3) 효율적인 세금 관리

- 법인은 손실을 이월 공제할 수 있어, 매년 수익만큼 세금을 내는 개인 투자보다 훨씬 유리합니다.

 (열정피엠 경험) 법인은 손실도 자산이 된다!

법인을 통한 미국 주식 투자는 단순히 수익을 내는 것뿐만 아니라, 손실이 발생하더라도 이를 관리하고 다음 기회로 연결할 수 있는 **'투자 안정성'을 제공**합니다. 미국 주식뿐만 아니라 부동산, 사업 초기 투자 등 다양한 영역에서 법인의 손실 상쇄 기능은 투자 리스크를 줄이고, 장기적인 재테크를 가능하게 하는 강력한 도구입니다.

가족법인,
적은 비용으로 시작하는 인생의 변화

 많은 직장인들이 법인 설립을 두려워합니다.

●●

법인을 운영하려면 큰 돈이 들지 않을까?
과연 내가 법인을 잘 운영할 수 있을까?

●●

하지만 진실은 다릅니다. 법인 설립은 생각보다 단순하고, 그 비용도 예상보다 훨씬 적게 듭니다.

가족법인은 단순한 절세 수단을 넘어,
사업과 재산을 장기적으로
관리 승계하는 전략이다 개

법인 설립과 운영, 이렇게 간단합니다!

1. 법인 설립 초기 비용

법무사를 통해 법인을 설립하는 비용은 40만원 전후입니다. 여기에 세금과 설립 관련 비용을 포함하면, 초기 자본금과 함께 약간의 추가 비용만으로 법인이 탄생할 수 있습니다.

2. 월 운영비

법인을 운영하는 데 필요한 고정 비용은 생각보다 적습니다.

- 세무기장료: 월 10~15만 원
- 공유오피스 임대료: 월 3~5만 원

총합 약 13~20만 원 전후로, 매달 충분히 감당 가능한 수준입니다. 이 작은 비용이 가져올 미래의 가치를 생각해 보세요.

3. 연간 법인세 신고 비용

잘 운영된 법인은 매년 한 번 법인세 신고를 진행하며, 이 과정에서 조정료를 지불해야 합니다. 조정료는 법인의 매출과 규모에 따라 달라지지만, 이를 지불하며 내 사업의 성과를 확인하고, 다음 단계로 나아가는 뿌듯함을 느낄 수 있습니다.

법인 운영, 작은 실행이 만든 큰 결과

가족법인을 시작하고 운영해 보면 놀라운 사실을 깨닫게 됩니다. 이것이 단순히 돈을 벌기 위한 구조가 아니라, 가족의 미래를 설계하는 시스템이라는 점입니다.

1) 적은 비용으로 큰 변화 시작

법인은 큰돈 없이도 시작할 수 있는 가장 강력한 재테크 도구입니다. 작은 1인 법인에서 시작해, 가족과 함께 운영하며 성장할 수 있습니다.

2) 가족이 함께 배우고 성장

법인은 가족 모두가 참여하며 배우고, 함께 성장할 수 있는 플랫폼을 제공합니다. 특히 자녀가 경제를 배우고 자산을 관리할 수 있는 경험은 돈으로 살 수 없는 가치입니다.

3) 직장인에서 기업가로

가족법인을 시작하면서, 많은 직장인들은 새로운 가능성을 발견하게 됩니다. "나는 단순히 직장인이 아닌, 기업을 운영하는 사업가가 될 수 있다." 이제는 더 이상 월급만으로 미래를 꿈꾸지 않아도 됩니다. 법인을 통해 쌓아가는 자산, 가족과 함께 이루는 성취가 여러분의 삶을 바꾸기 시작할 것입니다.

4) 실행이 답이다

이 책을 읽고 있다면, 이미 여러분은 가족법인을 시작할 준비가 되어 있습니다. 이제 필요한 것은 작은 실행입니다. 매달 15만 원 정도의 운영비로 시작할 수 있는 이 시스템이, 어느 날 여러분의 인생을 완전히 바꿔놓을 것입니다.

"가족법인은 나와 내 가족의 미래를 위한 가장 확실한 투자입니다." 다음 단계는 여러분의 몫입니다. 지금 바로 실행하시길 바라겠습니다.

가족법인을 넘어, 더 큰 꿈을 꾸며

내 삶을 내가 원하는 대로
설계할 수는 없을까?

가족법인으로 시작한 인생 2막

가족법인은 단순한 재테크 도구를 넘어, 제 인생의 새로운 2막을 열어준 가장 강력한 시스템이었습니다. 처음엔 법인을 설립하는 과정도 생소했고, 운영하며 겪는 시행착오도 적지 않았습니다. 하지만 시간이 지나며, 가족법인은 제가 가진 모든 가능성을 펼칠 수 있는 무대가 되어 주었습니다.

직장인의 삶은 안정적이지만, 한계가 분명했습니다. 저는 더 큰 도전을 원했습니다. 법인을 설립한 이유도, 가족법인으로 전환한 이유도 모두 이 한 가지 질문에서 시작되었습니다.

❝

내 삶을 내가 원하는 대로 설계할 수는 없을까?

❞

🏛 법인을 설립한 이유는 단순했습니다

- 월급만으로는 충분하지 않다는 한계를 느꼈습니다.
- 자산을 관리하고, 더 큰 그림을 그릴 도구가 필요했습니다.
- 하지만 무엇보다 중요한 건, 가족과 함께 성장하는 삶을 만들고 싶었습니다.

이제는 법인이 저의 또 다른 '나'가 되었습니다. 1인 법인으로 시작한 작은 사업이 이제는 가족법인으로 성장했고, 이 과정에서 저는 직장인이라는 틀을 넘어 '기업가'라는 새로운 정체성을 얻게 되었습니다.

🏛 가족법인, 직장인에게도 가능한가?

많은 직장인들이 법인 설립을 망설입니다. '시간이 없어서', '돈이 부족해서', '너무 복잡해 보여서'라는 이유들 때문입니다. 하지만 제가 직접 경험해 보니, 가족법인은 직장인도 얼마든지 운영할 수 있습니다. 법무사 수수료와 세무기장료만으로도 충분히 시작할 수 있습니다. 법인 설립을 하고 나면 매달 약 15만원 정도의 고정비로 법인 운영이 가능합니다.

본업과 병행이 가능하고, 법인을 세팅한 이후 매달 관리할 부분은 세무기장료와 법인의 기본 운영 사항 정도입니다. 본업을 유지하면서도 여러 아이디어를 바탕으로 얼마든지 법인 운영을 할 수 있습니다. 그리고, 법인을 운영하며 배운 것들은 직장 생활에서도 유용합니다. 재무 관리, 협상 능력, 그리고 실행력 등 모든 면에서 자신감을 얻게 됩니다.

1인 법인으로 시작한 이 작은 도전이 이제는 가족법인으로 확장되었습니다. 그리고 지금 저는 더 큰 꿈을 꾸고 있습니다.

다음으로는 제법 구체화된 제 사업 확장 계획과 사례를 공유하려 합니다. 저의 이야기를 통해 독자 여러분도 법인의 무한한 가능성을 느낄 수 있길 바랍니다.

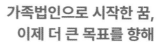

가족법인으로 시작한 꿈, 이제 더 큰 목표를 향해

가족법인은 저에게 단순히 재테크와 사업의 도구가 아닌, 꿈을 확장하는 플랫폼이 되었습니다. 이제 저는 이 법인을 통해 더 큰 목표를 향해 나아가고 있습니다.

가족법인을 처음 설립할 때, 제 목표는 단순했습니다. '매달 100만 원의 수익을 만들고, 안정적인 현금 흐름을 확보하자!' 그래서 공유오피스를 운영하며 비주거건물임대업을 시작하고, 작은 부동산 투자부터 차근차근 실행해 나갔습니다. 하지만 법인을 운영하며, 목표가 조금씩 더 커져가고 있습니다.

- 공유오피스 운영: 양주에서 시작한 임파워투비가 1인 기업가들에게 실질적인 도움을 주며 안정적으로 자리 잡고 있습니다.
- 비주거건물임대업: 상업용 부동산 매입을 통해 매달 임대 수익을 얻고, 건물 가치 상승이라는 추가적인 이익도 기대하고 있습니다.

- 미국 주식 투자: 가족법인을 통해 틈틈히 적립하며 글로벌 기업의 성장에 꾸준히 투자할 계획을 갖고 있습니다.

적은 금액으로 시작했지만, 가족과 함께 목표를 설정하고 꾸준히 실천하는 과정에서 경제적 안정과 성장의 가능성을 느끼고 있습니다.

🧔 더 큰 목표(해외로의 진출)

가족법인을 운영하며 사업에 대한 자신감이 생기고 나니, 이제는 해외 진출이라는 새로운 꿈을 꾸게 되었습니다. 최근, 디지털 노마드족의 성지로 불리는 한 지역을 여행하며 새로운 가능성을 발견했습니다. 1달 살기와 원격 근무를 즐기는 사람들이 많았지만, 업무 공간이 부족하다는 문제가 있었습니다.

그때 문득 '우리 가족법인을 통해 이런 문제를 해결할 수 있지 않을까?'라는 생각이 들었습니다. 현지 부동산 임장을 하다 만나게 된 건물주와 대화를 나누며 협력 가능성을 타진했습니다.

- 임파워투비의 공유오피스 모델을 소개하고, 디자인 콘셉트를 공유했습니다.
- 디지털 노마드족이 필요로 하는 서비스와 시설을 구체적으로 조사하여 알려주고, 글로벌 공유오피스의 가능성을 논의했습니다.

최종적으로 이 계획이 실현되지 않았지만, 이런 논의와 아이디어가 가능했던 것은 가족법인이 준 자신감과 실행력 덕분이었습니다.

한 발 한 발, 꾸준히 나아가기

지금도 저는 법인을 통해 매달 새로운 목표를 설정하고, 작은 성과를 쌓아가고 있습니다. 매달 100만 원에서 시작했던 목표는, 공유오피스, 비주거건물임대업, 미국 주식 투자로 매달 꾸준히 현금 흐름을 만들어내는 목표로 확장되었습니다. 그리고 언젠가는, 해외에서도 우리 가족법인의 이름을 알리고 싶다는 꿈을 품고 있습니다.

지금, 가족법인을 시작하는 독자 여러분의 목표는 무엇인가요?

작은 목표라도 괜찮습니다.

- "매달 50만 원의 수익 만들기"
- "기왕이면 아이들과 함께 가족법인 주주로 함께 미국 주식 투자하기"

작은 시도와 성취가 쌓이면, 당신의 가족법인은 언젠가 당신의 꿈을 확장해 주는 강력한 플랫폼이 될 것입니다. 가족법인은 단순히 자산을 관리하는 도구가 아닙니다. 가족이 함께 꿈을 꾸고, 그 꿈을 실현해 나가는 힘을 주는 도구입니다.

가족법인,
10년 후 우리의 모습은?

여러분은 10년 후 자신의 모습과 가족의 모습을 상상해 보신 적 있나요? 저는 가족법인을 시작하면서 이런 상상을 자주 하게 되었습니다.

●●

우리 가족은 어떤 삶을 살고 있을까?
가족법인은 어디까지 성장해 있을까?

●●

처음 법인을 설립할 때는 매달 100만 원 정도의 추가 수익을 꿈꿨습니다. 그 작은 목표는 공유오피스를 운영 및 비주거건물임대업과 미국 주식 투자를 통해 실현되었고, 점점 더 목표를 키워나가고 있습니다.

가족법인으로 만들어가는 10년 후의 꿈꾸는 미래

1. 가족의 경제적 독립과 유대감

10년 후, 우리 가족은 경제적 자유를 누리며 각자의 꿈을 실현하고 있을 것입니다. 배우자는 법인의 재무를 담당하며 안정적인 성장을 지원하며, 아이들은 주주로서 법인의 방향성을 고민하며 경제적 사고와 책임감을 키워갈 것입니다. 법인은 단순히 돈을 벌기 위한 도구가 아니라 가족 모두가 함께 성장하는 공동체의 중심이 되었습니다.

2. 자산 관리와 투자의 마스터플랜

법인의 자산은 꾸준히 불어나고, 부동산 임대수익과 주식투자로 안정적인 현금흐름을 유지합니다. 매달 법인의 수익은 가족의 미래를 위한 재투자로 이어지고, 자녀들이 성인이 되어 본격적으로 법인의 경영에 참여하면서, 또다른 도약을 위한 발판을 마련합니다.

3. 열정피엠의 사회적 영향력

법인은 단순히 개인의 성공을 넘어, 사회에도 긍정적인 영향을 미치는 존재로 자리잡습니다. 재테크를 하고 있는 모든 직장인들에게 1인 법인, 가족법인의 가능성을 보여줍니다. 함께 성장할 수 있는 네트워킹을 제공하고 사업 아이디어를 함께 고민합니다.

독자 여러분의 10년 후는 어떤 모습일까요? 여러분도 지금부터 가족법인이라는 작은 씨앗을 심어보세요. 매달 10만 원씩 꾸준히 투자하며 작은 법인을 키워가는 상상을 해보세요. 1년 후, 5년 후, 10년 후 가족과 함께 어떤 성장을 이루어낼지 기대되지 않으시나요?

가족법인은 단순히 재테크 수단이 아닙니다. 가족과 함께 새로운 가능성을 열어가는 플랫폼이며, 미래를 설계할 수 있는 가장 강력한 도구입니다. 10년 후, 여러분도 가족법인을 통해 삶이 얼마나 변화할 수 있는지 깨닫게 될 것입니다.

여러분이 이루고 싶은 꿈이 무엇이든, 가족법인은 그 꿈을 이루는 든든한 기반이 되어줄 것입니다. 지금 바로 시작해보십시오. 작은 법인에서 시작된 걸음이 미래를 완전히 바꿀 수 있습니다.

●●

가족법인은 단순한 법인이 아닙니다.
가족의 꿈을 담는 그릇입니다.
여러분도 이제 그 꿈을 담아보시길 바라겠습니다.

●●

 **자주 묻는 질문들**

1. 공무원은 법인 설립이 정말 안 될까요?

공무원은 법인의 발기인이 되거나 대표이사로 활동할 수 없습니다. 이는 국가공무원법 제64조 및 지방공무원법 제56조에 따라 공무원의 겸직 및 영리 활동이 금지되기 때문입니다. 법인의 발기인은 법인 설립 과정에서 중요한 역할을 하며, 이는 영리 활동으로 간주될 수 있어 공무원은 참여할 수 없습니다.*

공무원은 법인의 발기인으로 참여할 수 없지만, 가족법인에서 단순 주주로 참여하는 것은 가능할 수 있습니다. 다만, 이 경우에도 공무원이 경영에 관여하거나 배당금을 받는 것은 주의가 필요합니다.

2. 개인이 보유한 상가를 현물출자로 법인 설립에 활용할 수 있나요?

네, 가능합니다. 상가를 현물출자로 법인의 자본금으로 설정할 수 있으며, 이는 상가의 평가액에 따라 법인의 자본금으로 반영됩니다. 다만, 절차와 세무적 유의사항이 있으므로 아래 내용을 참고하세요.

현물출자 절차

1. 법인 정관 작성

- 현물출자를 포함한 법인 설립 목적과 자본금 구조를 정관에 명시합니다.
- 정관에는 상가를 현물출자로 사용하는 내용과 그 평가액이 포함되어야 합니다.

---

* 발기인 : 법인의 설립을 주도하는 사람으로, 정관 작성, 출자, 주주 모집 등 법인의 설립 과정을 책임지는 핵심적인 역할을 합니다. 공무원이 발기인이 되는 것은 영리 활동으로 해석될 가능성이 크므로 금지됩니다.

2. 상가 평가

- 상가의 가치를 감정평가사를 통해 평가받아야 합니다.
- 법적 요건에 따라 공정한 평가가 이루어져야 하며, 평가액은 법인의 자본금으로 계상됩니다.

3. 현물출자 이행

- 상가의 소유권을 법인으로 이전합니다.
- 등기소에 상가의 소유권 이전 등기를 완료해야 하며, 법인이 상가의 소유주로 등록됩니다.

4. 법인 설립 등기

- 현물출자 금액이 자본금으로 포함된 상태에서 법인 설립 등기를 진행합니다.
- 법원에 현물출자 내용을 포함한 서류(정관, 평가서 등)를 제출합니다.

5. 세무 신고

- 현물출자 과정에서 발생한 취득세와 양도소득세를 신고 및 납부합니다.

세무적 유의사항

1. 취득세

- 법인이 상가를 현물출자로 받으면, 법인이 상가의 취득세를 납부해야 합니다.
- 취득세율은 일반적으로 상업용 부동산에 적용되는 4.6%(취득세 중과되지 않을 시)입니다.

2. 양도소득세

- 상가를 법인에 현물출자하면 개인의 관점에서 양도소득세가 발생할 수 있습니다.
- 이월과세 제도를 활용하면 양도세 납부를 일정 기간 연기할 수 있습니다.

3. 법인세

- 현물출자로 설정된 자산은 법인의 자산으로 계상되며, 감가상각 등 회계 처리를 통해 법인세 절감 효과를 누릴 수 있습니다.

현물출자 활용의 장점

1. 자본금 증대

- 현물출자로 자본금을 크게 설정할 수 있어 법인의 신용도와 대출 한도를 높일 수 있습니다.

2. 세금 절세 효과

• 개인이 보유한 상가를 법인 자산으로 전환하면 상가 관련 비용(유지보수, 감가상각)을 법인 경비로 처리할 수 있습니다.

3. 사업 확장

• 상가를 법인 명의로 전환하여 임대 수익 또는 사업 운영 공간으로 활용할 수 있습니다.

유의사항

1. 소유권 이전 절차

• 상가의 소유권이 개인에서 법인으로 완전히 이전되므로, 개인은 상가에 대한 법적 권리를 상실하게 됩니다.

2. 세무 리스크

• 현물출자 과정에서 과세 당국이 고평가 또는 저평가 여부를 조사할 수 있으므로, 감정평가를 투명하게 진행해야 합니다.

3. 재무제표 반영

• 상가의 감가상각비와 관련 비용이 법인의 재무제표에 영향을 미칠 수 있으므로, 회계 처리에 유의하세요.

결론

개인이 보유한 상가를 현물출자로 법인 설립에 활용하는 것은 자본금 증대, 세금 절세, 사업 확장의 장점이 있지만, 취득세와 양도소득세 부담, 소유권 이전 문제를 고려해야 합니다. 전문가(세무사, 법무사)의 도움을 받아 절차를 철저히 밟는 것이 중요합니다.

3. 법인으로 할 수 없는 사업 목적도 있나요?

네, 아래와 같은 전문직종은 일반 법인 형태로 수행할 수 없습니다.

법인 형태로 수행할 수 없는 직종

1. 의사
   - 의료법에 따라 병원은 일반 법인이 아닌 의료법인 형태로만 설립할 수 있습니다.
   - 개인 명의로 병원을 운영해야 하며, 의료 서비스의 공공성을 보장하기 위함입니다.

2. 변호사
   - 변호사업은 일반 법인이 아닌 법무법인 또는 합동법무법인 형태로만 수행할 수 있습니다.
   - 변호사법에 따라 법률 서비스의 독립성과 비밀 유지가 이유입니다.

3. 세무사 · 공인회계사
   - 세무 및 회계업은 세무법인 또는 회계법인 형태로만 가능합니다.
   - 일반 법인은 세무 대리나 회계 서비스를 제공할 수 없습니다.

4. 약사
   - 약국은 개인 명의로만 개설 가능하며, 약사법에 따라 일반 법인의 약국 운영은 금지됩니다.

5. 기타 전문직종
   - 기술사, 건축사 등 특정 전문 자격이 필요한 직업은 개인 명의 또는 전문 법인 형태로만 수행 가능합니다.

결론

일부 전문직종은 공공성, 윤리성, 직업적 독립성을 유지하기 위해 일반 법인으로 수행할 수 없습니다. 이러한 직종에 해당하는 경우, 관련 법률을 철저히 검토한 후 적합한 법인 형태를 선택해야 합니다.

4. 법인이 주택을 구매할 수 있나요?

네, 법인도 주택을 구매할 수 있습니다. 하지만 세금 측면에서의 불이익
이 크기 때문에 일반적으로 추천하지는 않습니다.

법인 명의 주택 구매 시 주요 세금 불이익

1. 취득세 중과
   - 법인이 주택을 구매하면 12%의 취득세가 부과됩니다.
   - 이는 개인의 취득세율(1~3%)보다 크게 높은 수준으로 초기 비용 부담이 매우 큽니다.

2. 종합부동산세 중과
   - 법인은 개인과 달리 종합부동산세 공제(개인: 최대 11억 원)가 없으며, 최고 세율 6%가 적용됩니다.
   - 주택 수에 관계없이 높은 세율이 부과되어 장기 보유 시 세금 부담이 커집니다.

3. 양도소득세 대신 법인세
   - 법인은 주택 매각 시 법인세(최대 25%)가 부과됩니다.
   - 개인의 양도소득세 중과(최대 75%)보다 낮을 수 있지만, 장기보유특별공제가 없어 장기 보유 시 불리합니다.

4. 비영업용 부동산 규제
   - 법인이 보유한 주택이 비영업용으로 간주되면 추가 세금과 가산세가 발생할 수 있습니다.

결론

법인 명의로 주택을 구매하는 것은 높은 취득세와 종부세 부담으로 인해 투자 수익성이 낮아질 가능성이 큽니다. 따라서 법인 주택 구매는 신중한 검토가 필요하며, 일반적으로 권장되지 않습니다.

Q & A

5. 법인을 없앨 수 있나요?

네, 법인을 없앨 수 있습니다. 이를 법인 해산 및 청산이라고 하는데, 정해진 절차에 따라 진행해야 합니다. 저희는 이런 해산 또는 청산보다는 전략적으로 운영하며 적당한 타이밍에 자녀들에게 모든 주식을 증여하고 우량한 자산을 키워나가는 것을 목표로 해야겠습니다.

해산 및 청산 절차는 피치 못할 사정이 생길 경우를 대비해 단지 참고만 하시기 바랍니다.

법인 해산 및 청산 절차

1. 해산 결의
- 주주총회에서 법인 해산을 결의해야 합니다.
- 해산 사유: 사업 종료, 목적 달성, 영업 중단, 경영 악화 등

2. 청산인 선임
- 해산 후 법인의 재산과 채무를 정리하기 위해 청산인을 선임합니다.
- 기존의 대표이사가 청산인을 겸임할 수 있습니다.

3. 채권 · 채무 정리
- 법인의 모든 채권 · 채무를 정리합니다.
- 채무가 남아 있으면 정리 후 잔여 자산을 배분해야 합니다.

4. 해산 등기
- 관할 등기소에 해산 등기 신청을 진행합니다.
- 해산이 완료되면 더 이상 영업활동을 할 수 없습니다.

5. 잔여 재산 분배
- 잔여 재산이 있다면 주주 또는 출자자에게 분배합니다.
- 이 과정에서 세금(법인세, 부가가치세 등)을 신고 및 납부해야 합니다.

6. 법인 말소
- 모든 절차가 완료되면 법인 등기를 말소하고 세무서에 폐업 신고를 합니다.

주의할 점

1. 세금 문제
   • 청산 과정에서 발생한 소득은 과세 대상이므로 법인세 신고를 철저히 해야 합니다.
2. 채무 잔존
   • 법인이 해산하더라도 채무가 완전히 상환되지 않으면 주주나 출자자가 일부 책임져야 할 수 있습니다.
3. 정관 검토
   • 정관에 명시된 해산 사유와 절차를 준수해야 합니다.

결론 법인을 없애는 것은 가능하지만, 주주총회 결의, 채권·채무 정리, 해산 등기 등 복잡한 절차를 거쳐야 합니다. 따라서 사전에 전문가의 도움을 받아 법인 해산 및 청산 계획을 세우는 것이 중요합니다.

직장인, 당신의 또 다른 가능성을 믿으세요!

퇴근 후 지친 몸으로 집에 들어와, 간신히 하루를 마무리하며 스스로에게 이런 질문을 해본 적 있으신가요?

"이렇게 사는 게 맞는 걸까?"

아침마다 반복되는 출근길, 업무의 스트레스, 그리고 매달 날아오는 고지서들을 보며 때로 우리는 지친 마음으로 미래를 걱정합니다. 하지만 제가 이 책을 통해 전하고 싶은 메시지는 단 하나입니다.

"당신의 삶은 아직 시작되지 않았습니다."

저도 처음에는 평범한 직장인이었습니다. 월급으로 생계를 꾸리고, 아이들 학비를 걱정했습니다. 모이는 돈은 늘 생각보다 많지 않았기에 어딘가 불안했습니다. 그러던 어느 날 생각했습니다. '지금처럼 계속 일할 수 없을 때, 나와 내 가족은 어떻게 될까? 아이들에게 물려줄 수 있는 것은 무엇일까?'

그때 제가 선택한 것이 바로 '법인 설립'이었습니다. 처음엔 낯설고, 두려웠습니다. 하지만 작은 법인이 만들어준 기회와 경험은 제가 상상도 못했던 길을 열어주었습니다.

법인을 통해 저는 새로운 정체성을 발견했습니다. 단순히 월급에 의존하던 삶에서 벗어나, 가족과 함께 사업과 투자를 계획하며 경제적 독립을 꿈꾸기 시작했습니다. 그리고 그 꿈은 하루하루 현실이 되어 가고 있습니다. 처음엔 작은 목표였습니다. "월 30만 원만 벌어보자!" 그러다 어느새 "월 100만 원의 현금 흐름을 만들어보자"가 되더라고요. 이제는 가족과 함께 새로운 투자와 사업을 이야기하며 매일을 도전해 나가는 삶을 살고 있습니다.

"직장인, 당신도 할 수 있습니다."

이 책을 지금까지 읽으신 여러분, 저도 여러분과 다르지 않은 평범한 직장인입니다. 매달 월급날을 기다렸지만 급여만으로는 한계를 느꼈습니다. 하지만 제가 법인을 통해 배운 가장 큰 교훈은, '우리에게는 스스로 만든 한계를 넘어설 수 있는 가능성이 있다'는 것이었습니다.

법인은 단순히 돈을 벌기 위한 도구가 아닙니다. 우리가 새로운 삶을 시작할 수 있도록 도와주는 발판입니다. 법인은 제가 가족과 함께 성장하고, 자녀와 미래를 공유하며, 더 큰 목표를 향해 나아갈 수 있는 실행력을 키워주었습니다.

이 책은 단순히 법인 설립과 운영 방법을 소개하는 책이 아닙니다. 그보다는 '직장인에서 사업가로, 그리고 자산가로 도약하는 여러분만의 지침서'가 되었으면 좋겠습니다. 법인 설립을 통해 스스로 경제적 독립을 이루고, 가족과 함께 새로운 미래를 설계하는 데 든든한 안내자가 되었으면 좋겠습니다. 어쩌면 지금은 어렵고 낯설게 느껴질 수도 있습니다. 하지만 이 책을 가끔씩 다시 꺼내 보시기 바랍니다. 법인의 가능성과 성장의 과정을 반복해서 읽다 보면, 어느새 여러분도 그 길 위에 서 있을 것입니다.

이제 실행할 시간입니다! 법인을 설립하고, 가족과 함께 경제적 독립을 이루는 여정을 시작해 보시기 바랍니다. 저도 재테크 여정 속에서 한걸음 정도 앞서 걸어가고 있는 한 명의 평범한 사람이자 동료로서 여러분을 응원합니다. 작고 미약한 시작이라도 괜찮습니다. 그 첫걸음이 언젠가 여러분의 삶을 바꾸는 가장 중요한 선택이 될 것입니다.

"직장인, 당신의 가능성은 무한합니다."

그 가능성을 믿고, 오늘 첫걸음을 내디디시길 바라겠습니다. 저는 이 여정을 함께하는 직장인 여러분과 그 가족을 진심으로 응원합니다.

열정피엠 드림